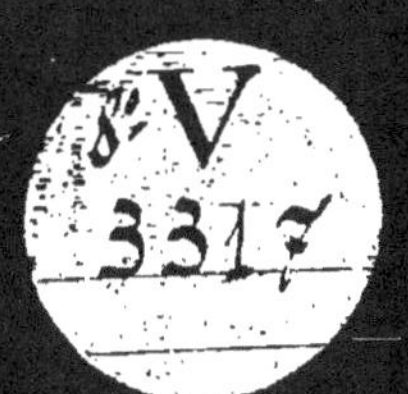

LÉONARD DE VINCI

ET LA STATUE DE

FRANCESCO SFORZA

PAR

LOUIS COURAJOD

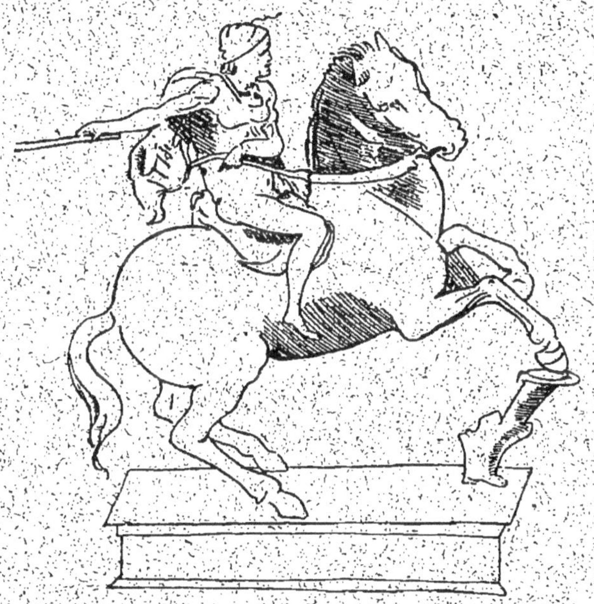

PARIS

HONORÉ CHAMPION, LIBRAIRE

15, QUAI MALAQUAIS, 15

—

1879

LÉONARD DE VINCI

ET LA STATUE DE

FRANCESCO SFORZA

LÉONARD DE VINCI

ET LA STATUE DE

FRANCESCO SFORZA

PAR

LOUIS COURAJOD

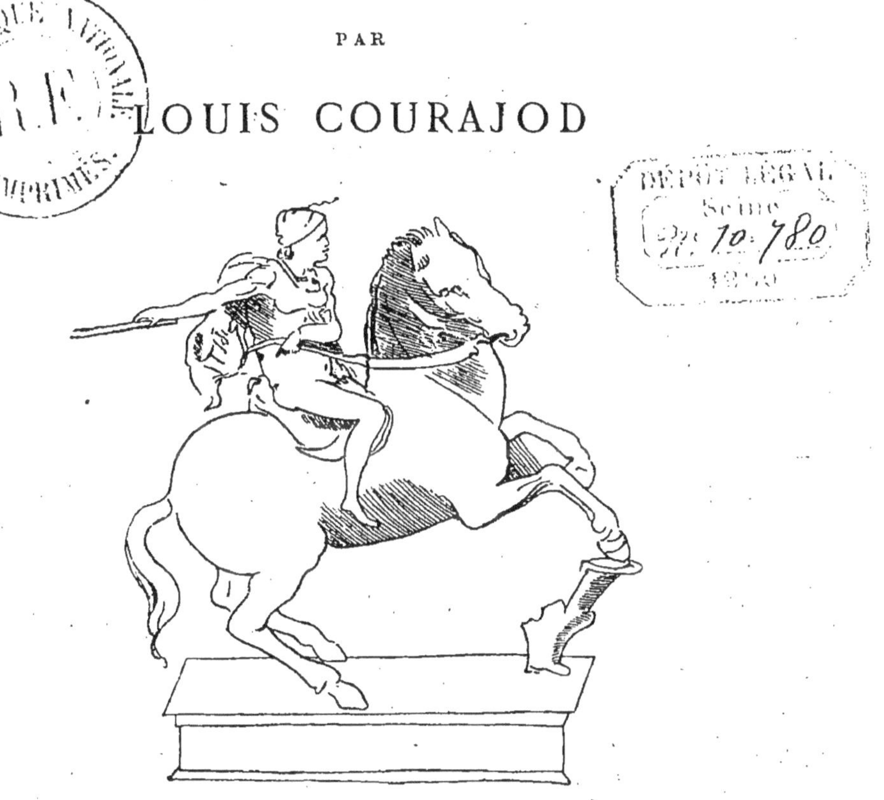

PARIS

HONORÉ CHAMPION, LIBRAIRE

15, QUAI MALAQUAIS, 15

—

1879

UN DOCUMENT INÉDIT

SUR LA STATUE

DE

FRANCESCO SFORZA

MODELÉE PAR LÉONARD DE VINCI

Au Directeur de la *Gazette des Beaux-Arts*.

Munich, le 20 septembre 1877.

Mon cher ami, en nos temps refroidis, inféconds et agités par tant d'évènements meurtriers pour les objets d'art, c'est une puissante consolation de pouvoir conserver, dans une image, le souvenir de quelques chefs-d'œuvre irrévocablement disparus. Par la jalousie du sort, cette consolation nous a été malheureusement refusée pour certains ouvrages qui ont fait le plus d'honneur à l'humanité et on peut compter au nombre de ceux-ci la fameuse statue équestre de Francesco Sforza, modelée par Léonard. Après avoir épuisé l'admiration de la génération qui l'a vu apparaître et qui la

MÉDAILLE DE FRANCESCO SFORZA.

Litta, *Famiglie celebri* ;

Sforza, pl. des méd. de François. N° 2.

laissa périr sans l'avoir coulée en bronze, elle ne revit pas même, aujourd'hui, sous une forme pittoresque bien définie et arrêtée dans la légende littéraire éclose autour d'elle. J'ai l'ambition de restituer à l'histoire de l'art, d'après un document positif, la pensée plastique de Léonard de Vinci.

Quoique j'aie, dans cette laborieuse entreprise, de nombreux et très-illustres prédécesseurs, le but n'est pas facile à atteindre. Tous les historiens de Léonard se sont efforcés de retrouver dans les innombrables croquis laissés par le maître quelques révélations sur ses intentions et quelques traces des travaux préliminaires nécessités par l'exécution de la statue ; mais presque tous ont eu des sentiments différents et la multiplicité des solutions proposées a obscurci le problème au lieu de l'éclairer. Dès le début des recherches critiques on se tint dans des données, sinon exactes, du moins parfaitement raisonnables *(Disegni di Leonardo da Vinci incisi e pubblicati da C. G. Gerli,* Milan, 1784, in-folio, p. 13). D'autre part, on savait, par un contemporain, que, dans la figure de Léonard, le cheval était plein d'action et haletant. On devait donc s'arrêter tout d'abord à une estampe représentant des études pour une statue équestre (2e édition de Gerli, par Vallardi, p. 5, note. — Passavant, *le Peintre-Graveur*, tome V, p. 181, no 3, rectifié par le marquis d'Adda, *Gazette*, tome XXV, p. 144) qui répondaient parfaitement au signalement laissé par Paul Jove. Mais d'étranges considérations *a priori* éloignèrent bien vite les chercheurs de la bonne piste. M. Charles Blanc, égaré par des idées préconçues et des préoccupations d'esthétique transcendante, ferma pour longtemps, par un mot fatal, le chemin de la vérité. « Quel fut le modèle auquel définitivement Léonard s'arrêta ? » dit-il dans son *Histoire des Peintres (Léonard de Vinci,* p. 15). « On ne le sait qu'indirectement par des témoignages écrits et par des miniatures de manuscrit que l'on regarde comme des copies d'après ce grand ouvrage. Gerli parle d'une vieille estampe qu'il dit gravée

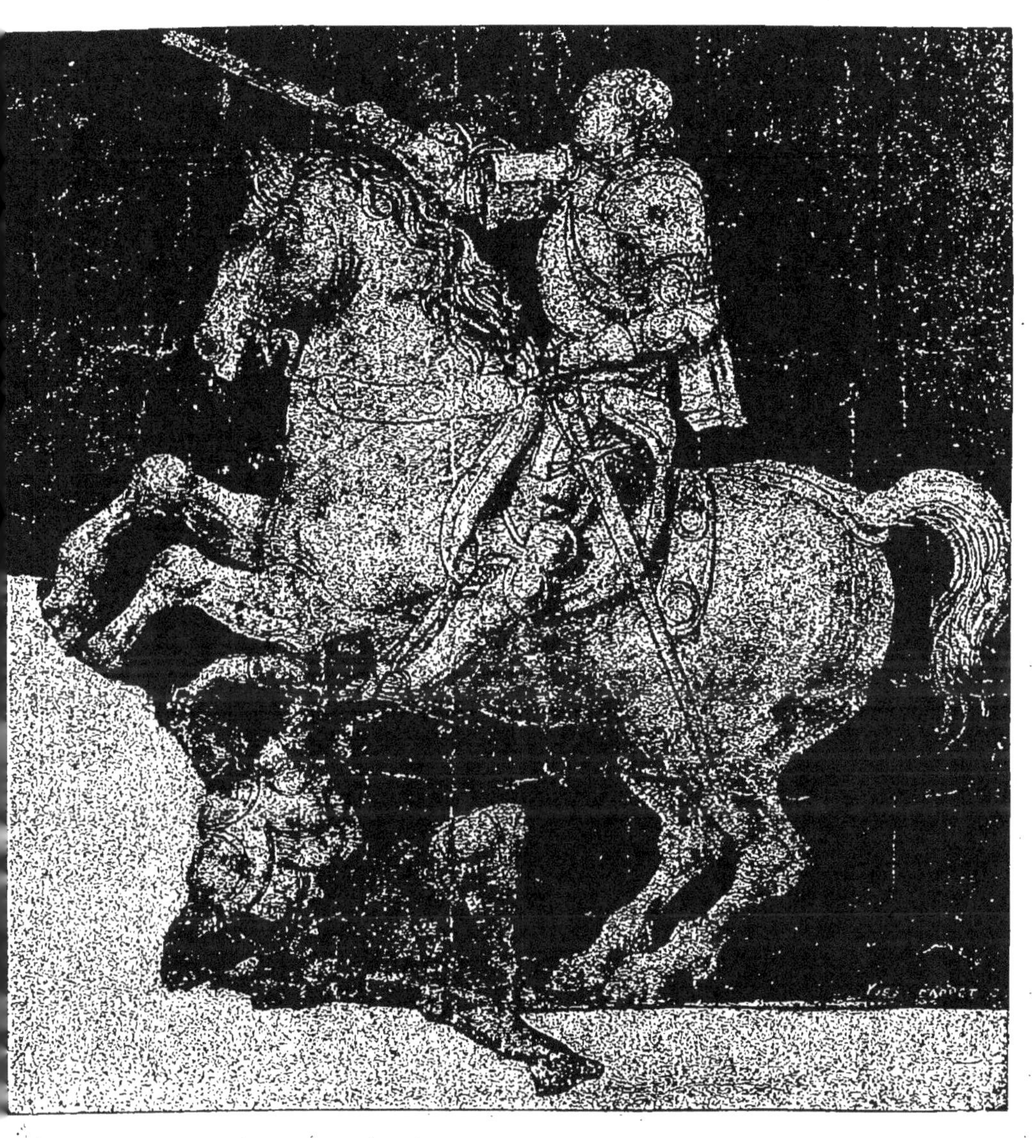

DESSIN REPRODUISANT LA STATUE DE FRANCESCO SFORZA,
modelée par Léonard de Vinci.
(Cabinet des estampes de Munich.)

par Léonard lui-même et qu'il a reproduite [1] ; *mais son dire manque de vraisemblance.* » Et l'éminent académicien proposa de voir le modèle définitif de Léonard dans un dessin de la bibliothèque Ambrosienne représentant, non pas un chef d'État triomphant, mais un simple chevalier au repos, la lance au poing et prêt à entrer en lice [2].

De même, M. Charles Clément, dans son ouvrage intitulé : *Michel-Ange, Léonard de Vinci, Raphaël*, abandonnant l'idée que la figure de Léonard ait pu avoir une allure animée, a, sur des indications de Waagen [3], cherché à en connaître la composition en comparant la miniature d'un manuscrit de la Bibliothèque nationale de Paris (nº 372 du fonds italien) avec un dessin au crayon rouge, inexactement regardé comme original et possédé par la bibliothèque Ambrosienne de Milan. L'hypothèse est extrêmement ingénieuse, et il est très-probable que les documents sur lesquels elle s'appuie nous retracent une des phases par où passa la pensée de Léonard. Peut-être même nous montrent-ils le premier modèle si, comme le fait paraît établi [4], il en exista deux ? Notre savant ami le marquis d'Adda, dont l'autorité est si grande dans tout ce qui touche à l'art milanais et à la personne de Léonard, est venu prêter à cette supposition, dans la *Gazette* (tome XXV, p. 146), les merveilleuses ressources de sa profonde érudition, sans cesser toutefois de proclamer la haute signification de l'estampe rarissime (Passavant, tome V, p. 181, nº 3), qu'il faisait connaître par un fac-similé [5].

M. Perkins, dans son excellente *Histoire des sculpteurs italiens* (édition française, tome I, p. 219), partage le sentiment de

1. M. le marquis d'Adda a établi que le fait est inexact en réfutant Passavant qui avait mis l'erreur en circulation (*Gazette,* tome XXV, pages 144 et 146.)

2. M. le marquis d'Adda a fait définitivement justice de cette opinion dans la *Gazette des Beaux-Arts*, tome XXV, p. 144.

3. *Kunstwerke und künstler in England und Paris*, tome III, p. 367.

4. *Intorno a un opuscolo rarissimo della fine del secolo XV intitolato Antiquarie prospettiche romane composte per prospettivo milanese dipintore.* Ricerche del prof. Gilberto Govi. Roma, 1876, p. 1 et 19.

5. Voyez ci-après p. 13.

M. Clément sur un premier modèle et ajoute : « En 1490, ainsi que nous l'apprend une note de sa main sur la couverture même de son *Traité sur le clair-obscur*, Léonard reprit son travail et modela un guerrier combattant dont le cheval fougueux foulait aux pieds un soldat luttant encore. Dans les quatorze esquisses qu'il traça avant de s'arrêter à un projet définitif, il dessina le guerrier et le cheval dans diverses attitudes, tantôt conservant, tantôt supprimant le soldat terrassé, et il fit des études sérieuses du corps du cheval, le divisant en plusieurs parties en prévision de la fonte du bronze. »

M. Perkins, avec la pénétration d'esprit dont il a donné mainte preuve, a connu, par les seuls dessins de Windsor, la vérité tout entière ; mais malheureusement il a jugé inutile de la démontrer, et M. C. Boito, dans le très-remarquable travail *(Saggio delle opere di Leonardo da Vinci*. Milan, 1872, in-folio) qu'il a écrit sur la statue de Léonard et où se trouve résumé l'état actuel de la science sur ce point d'histoire, en est revenu, pour tout ce qui concerne la disposition générale de la statue, aux spéculations idéologiques de M. Charles Blanc.

Voici le passage :

Che questa tavola[1] sia incisa di mano dello stesso Leonardo non è provato e a nostro occhio non pare ; ma che quei cavalcatori grecamente ignudi è quei cavalli che rammentano nelle forme e nella mossa cavalli de' bassorilievi antichi, massime quelli del combattimento delle amazzoni al Louvre, intendano rappresentare il colosso del duca Francesco Sforza ci sembra cosa incredibile. Leonardo aveva nella pittura un troppo nobile senso della grandiosità per compiacersi nella statuaria monumentale di movenze violente e scomposte. Puo essere, come pare accennato da qualche disegno della collezione di Windsor, che Leonardo sia rimasto lungamente incerto frà il cavallo di passo calmo e maestoso e il cavallo agitato ancora dagli ardori della mischia ; puo essere, comme dice il Rio, che sia passato, certo di volo, in quella irrequieta fantasia... Ma in ogni modo l'autore del Cenacolo non poteva confondere la natura del basso rilievo, ch' egli stesso dice come s'accosti in grandezza di speculazione alla pittura, con la natura del tutto rilievo ; non poteva darci qualcosa di simile all'Alessandro il grande del seccentista Puget, etc.

M. Boito, après avoir, fort ingénieusement, mais avec un

1. Il s'agit de la planche reproduite par nous ci-après (Pass., V., p. 181, n° 3).

pyrrhonisme exagéré, discuté toutes les hypothèses avancées, estime que le dessin au crayon rouge de l'Ambrosienne, signalé déjà par M. Clément, pourrait à la rigueur, mais pourrait seul reproduire la pensée définitive de Léonard.

Je serais, comme tout le monde, disposé à adopter les très prudentes conclusions de M. Boito, si je ne venais de remarquer un document qui les infirme. Au Cabinet des estampes de Munich, dans l'antichambre un peu sombre où des dessins de tous les temps et de tous les pays sont exposés sous verre, on peut voir un cavalier du xvᵉ siècle, au profil caractéristique, armé de toutes pièces, dont la tête découverte laisse apercevoir le front dégarni de cheveux. Le personnage, tenant un bâton de commandement, est fièrement campé sur un cheval qui se cabre. C'est, à n'en pas douter, le dessin d'un artiste qui a vu la statue de Léonard. Voilà donc le document tant et depuis si longtemps désiré !

L'émotion a-t-elle troublé ma vue et égaré ma critique ? Non. Comparez la tête du cavalier dans le dessin de Munich avec les médailles de Francesco Sforza [1]. C'est lui qu'on a puissamment assis sur ce lourd cheval de bataille. Oublions les règles d'une grammaire esthétique que, malgré tout son génie, Léonard n'a pu deviner. Soyons naïfs, sans parti pris, et restons sur le terrain exclusif de l'histoire. La position si nouvelle et si moderne de ce cheval trahit alors pour nous le nom de son auteur. Qui donc parmi les maîtres, au xvᵉ siècle, sinon le hardi novateur, aurait osé et devait vouloir sortir des entraves de la routine et donner au cheval d'une statue une autre allure que celle du cheval de Marc-Aurèle, respectueusement copiée par Donatello à Padoue et par Verrocchio lui-même à Venise ? Le soldat renversé, destiné à servir de support, apporte un nouveau témoi-

---

1. Les médailles de Francesco Sforza, attribuées à des auteurs connus, sont dues à Pisanello, Enzola, et Sperandio. Cf. A. Armand, *les Médailleurs italiens des quinzième et seizième siècles*, p. 26 et 50. Celle que nous avons reproduite est indiquée dans Litta, mais sans nom d'auteur.

gnage à mon argumentation. Léonard a longtemps cherché ce point d'appui nécessaire à la figure. La gravure publiée par M. d'Adda, les dessins de Windsor en sont une preuve surabondante. Enfin ce cheval haletant et cabré, c'est bien celui que nous a décrit *de visû* Paul Jove quand il a dit en parlant du Vinci : « Finxit etiam ex argillâ colosseum equum Ludovico Sfortiæ ut ab eo pariter æneus, superstante Francisco patre illustri imperatore, funderetur ; in cujus *vehementer incitati et anhelantis* habitu et statuariæ artis et rerum naturæ eruditio summa deprehenditur [1]. »

Sans pouvoir être attribué à Léonard de Vinci lui-même, le dessin sort vraisemblablement de son école. La tête du cheval, encore très-belle, est empreinte du style léonardesque [2]. Ce n'est pas un croquis comme les esquisses de Windsor ou celles que nous conserve la gravure publiée par M. d'Adda. La plume est conduite sans hésitation, sans repentirs, et le dessin très-arrêté semble reproduire un monument dont aucun détail n'est abandonné à la fantaisie de l'artiste qui l'interprète. On peut supposer qu'il a été exécuté directement d'après le monument original. J'ai la conviction qu'il représente le modèle définitif.

Grâces en soient rendues au marquis Campori et au document publié par lui *(Gazette*, tome XX, p. 39, et tome XXV, p. 144 et suiv.), on ne peut plus affirmer que ce sont des mains françaises, que ce sont des projectiles français qui ont privé le monde civilisé d'une des merveilles de l'art moderne. Je suis heureux que les hasards d'une ardente recherche aient réservé à une main française l'honneur d'arracher à l'indifférence, dont on l'a entouré jusqu'à ce jour, le précieux document inédit que je vous adresse. Les cendres de Léonard ne reposent pas dans une terre

---

1. Tiraboschi, *Storia della letteratura italiana*. Rome, 1785, tome IX, p. 121.

2. Voyez tous les dessins de Léonard, reproduits dans ce travail, et notamment ceux de la p. 41.

glacée. Désormais l'Italie pourra, à bon escient, évoquer l'ombre du chef-d'œuvre oublié et, qui sait? avec ce point de départ arriver à en conquérir une image moins imparfaite. Aidez-moi, mon cher ami, par la voie de la *Gazette*, à déposer au plus vite ce tribut de mon admiration passionnée sur le tombeau d'Amboise [1] et au pied de la statue de la place de la Scala à Milan [2].

1. Ph. de Chennevières, *Athenæum français*, 1854, 29 avril et 19 août, p. 398 et 778.

2. Extrait de la *Gazette des Beaux-Arts*, tome XVI, deuxième période, p. 422 à 426.

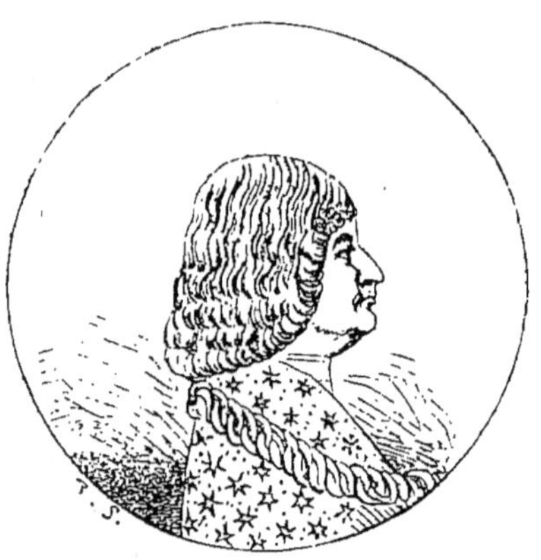

LUDOVIC LE MORE
D'après une miniature attribuée à Ant. da Monza
(British Museum.)

LA STATUE

DE

FRANCESCO SFORZA

ET LE DESSIN DE MUNICH

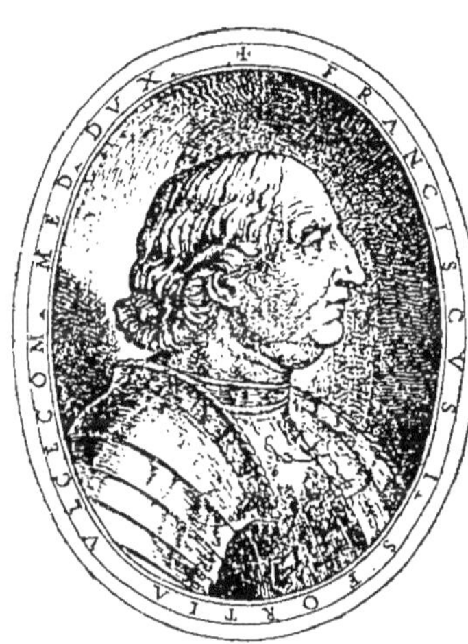

Portrait de Francesco Sforza,
d'après l'estampe gravée pour
la *Storia delle vite de' duchi di Milano*
de Campo.

Quand l'opinion publique a fait son « siège » à propos d'un point capital de l'histoire de l'art, c'est véritablement entreprendre une tâche ingrate que de vouloir lui apporter de nouveaux éléments d'information. Aussi inexorable que le bon abbé de Vertot, elle oppose longtemps une fin de non-recevoir au chercheur désireux d'agiter encore le problème que, résignée ou satisfaite, elle proclame insoluble ou à tout jamais résolu. J'en ai fait récemment et une fois de plus l'expérience, lorsque j'ai essayé de trancher, contrairement à la routine, et à l'aide d'un document trouvé en Allemagne, le procès toujours pendant de la statue de Francesco Sforza, modelée par Léonard de Vinci. J'aurais cependant mauvaise grâce à me plaindre de ma mésaventure. Car je suis le premier à comprendre que la résistance de l'opinion publique aux hardiesses de la recherche a son utilité. L'opinion publique, dans sa lenteur à s'émouvoir, est chargée d'un rôle social. Gardienne des vérités relatives précédemment conquises par la science, elle a le devoir de les défendre contre des innovations qui pourraient être dangereuses et qui souvent ne parviennent pas à se justifier. C'est donc, je le reconnais, à l'inventeur de toute doctrine nouvelle, dût-il revenir plus d'une fois à la charge, à faire des preuves tellement évidentes que tout le monde soit désarmé. Pendant deux ans, j'ai gardé le silence, prêtant l'oreille à toutes les observations. Aujourd'hui, après mûre réflexion, je demande la permission de traiter la question une fois encore et d'expliquer pourquoi je persiste dans mes premières conclusions, formulées, en novembre 1877, dans la *Gazette des Beaux-Arts* [1] sous ce titre : « Un document inédit sur la statue de Francesco Sforza, modelée par Léonard de Vinci. »

I

Je soutenais dans cet article qu'un dessin, conservé au Cabinet des estampes de Munich et reproduit ci-dessus, nous transmettait une image du fameux *colosse* de Milan tel que le sculpteur l'avait composé et tel qu'il se trouvait à la veille de son exécution. J'estimais que ce dessin, inspiré par la vue du modèle définitif prêt à être coulé en bronze, avait pu être fait par quelque artiste italien de l'académie de Léonard, en tout cas par un contemporain qui avait admiré l'œuvre. Plusieurs objections ont été présentées ; comme elles ne concordent pas entre elles, je les exposerai successivement.

1. Deuxième période, tome XVI, p. 422 à 426.

La première a consisté à dire que le dessin que j'attribuais à un compatriote de Léonard de Vinci, ou à quelque élève de son école, était, tout au contraire, un dessin allemand. La forme qu'a reçue cette opinion dans *The Academy*, numéro du 24 novembre 1877, n'a rien qui puisse nuire à ma thèse et je remercie l'auteur anonyme de l'article pour la bienveillance de ses appréciations. J'avoue que, pour ma part, je n'avais pas songé que ce dessin pût être allemand, et, encore aujourd'hui, je ne me sens pas porté à le croire tel. Mais, fût-il allemand, mes conclusions n'en seraient pas affaiblies.

Dans une autre opinion qui ne s'est pas produite au grand jour, mais qui, en considération de son origine, n'a pas moins d'importance, on prétend que ce dessin ne date que du xvii siècle. C'est une forme nouvelle de la théorie déjà connue [1], d'après laquelle le « secentista » Puget a seul pu mettre un cheval dans une position aussi contraire aux pures traditions classiques. Le dessin, de lui-même, répondra suffisamment, je l'espère, à cette objection sans fondement. La tête du cavalier de Munich, personne ne l'a contesté, est un portrait de Francesco Sforza. Pour quelle cause, au xvii siècle, aurait-on rétrospectivement songé à ériger ou même à dessiner une statue de ce souverain ? Comment aurait-on pu reproduire avec cette fidélité, je ne dirai pas seulement la ressemblance physique du duc de Milan, mais l'armure si compliquée qu'il porte, armure dans laquelle un érudit spécialiste ne relèverait pas une erreur de construction ? Enseignait-on l'archéologie du xv siècle dans les académies du xvii ? Une statue du xvii siècle en costume exact et irréprochable du xv, cela fait rire ! Veut-on dire seulement que le dessin, au lieu d'être original et direct, est une copie exécutée au xvii siècle d'après un dessin antérieur, en un

1. Voyez le *Saggio delle opere di Leonardo da Vinci*, Milan, 1872, in-folio, p. 25, et Camillo Boito, *Leonardo e Michel Angelo, studio d'arte*, Milan, 1879, in-8°, p. 98.

mot une interprétation de seconde main ? Alors, bien que je sois d'un avis tout opposé, je ferai remarquer que cet argument, fût-il justifié, n'enlèverait rien à la valeur de ma démonstration historique, à savoir que le modèle de Léonard avait une allure animée et que sa pensée nous a été transmise par un document quelconque, abstraction faite des conditions dans lesquelles ce document nous parvient. En vérité, cette objection n'a rien de sérieux et je ne lui aurais pas fait l'honneur de la discuter, si elle n'émanait pas d'une autorité considérable dans la matière et si elle n'avait pas été recueillie par quelques érudits de seconde main disposés à la propager. A l'apparition de mon article, le scandale produit dans le Landerneau de certains pontifes de l'art et de leurs caudataires fut si grand qu'une rétractation me fut amiablement demandée et que je n'évitai une correction de main de maître qu'en promettant d'étudier de nouveau la question, prêt à m'exécuter moi-même si je me reconnaissais coupable.

Arrivons aux savants étrangers et à l'examen de leurs critiques. Parlant (dans l'*Archivio storico lombardo*, numéro de décembre 1877, page 1017) du monument de Léonard pour François Sforza, M. Mongeri a dit :

.... Finora nulla di positivo è apparso a confortarci sul sicuro suo aspetto. Il Courajod ha creduto di averlo scoperto nel passato settembre in un disegno a penna conservato nel gabinetto delle stampe a Monaco di Baviera. Il carattere di esso è tale, in fatti, da trarre in inganno chi guarda il concetto della composizione. È una figura veramente monumentale, a cavallo, avente un nemico caduto sotto le sue gambe anteriori sollevate in alto, nell' alto d'impennarsi sulle posteriori. Il guerriero è per intero chiuso nell' armatura del tempo, e la testa, come si ravvisa dal *fac-simile* unito, veduta di profilo e senza berretto, porta, a non ingannarsi, i lineamenti di Lodovico il Moro (lisez Francesco Sforza).

E giusto dire che il Courajod non volle affirmarlo quale un disegno del Vinci, ma solo di chi ebbe a vedere il monumentale modello. All' incontro, fino dal 1869, un amico nostro. il senatore del regno dottor Giovanni Morelli, ebbe a riconoscere in quei tratti un disegno di Antonio del Pollajuolo, siccome uno dei progetti per questo monumento allora messo a concorso da Lodovico, unde gareggiare con quello che a Venezia si voleva innalzare pel Colleoni. Lo statuario di quel capolavoro che è il sepolcro di Sisto IV, sarebbe stato ben degno di rispondere alle esigenze artistiche del Moro, se la prova non fosse stata vinta dal Leonardo. forse con quel modellino in cera di cui parla il Vasari. Certo a questo fatto si connette la famosa sua lettera, con cui, oltre il resto, si offre all' esecuzione del cavallo in bronzo. Il disegno di Monaco sembra sia quello che esisteva nel libro dello stesso Vasari e di cui egli fa cenno, etc.

M. Mongeri constate que le dessin de Munich reproduit une figure monumentale, que cette statue représente incontestablement Francesco Sforza et que j'ai simplement attribué ce dessin à un artiste contemporain qui aurait vu le modèle de Léonard. Je lui suis reconnaissant de cette déclaration, ainsi que de l'assentiment qu'il donne à une partie de mes conclusions. Je ne lui suis pas moins reconnaissant de sa contradiction. Le dessin, d'après lui et d'après une autorité comme celle de M. Morelli, daterait bien de l'époque où Léonard était à Milan, mais, au lieu de représenter la pensée de Léonard, il nous conserverait le modèle proposé par Pollajuolo pour la statue de Francesco Sforza. En outre, le dessin émanerait directement de l'auteur de ce modèle et aurait été possédé par Vasari. De cette contradiction je ne veux retenir qu'une chose en ce moment. C'est que, pour des juges aussi compétents, le dessin que mes premiers contradicteurs proclamaient allemand d'abord, puis ensuite de nationalité indéterminée et du xviii⁰ siècle, est tout simplement un dessin italien, attribuable à Antonio del Pollajuolo. Disposé à accepter provisoirement cette manière de voir, sans m'en porter toutefois garant, je me réserve d'en discuter tout à l'heure les conséquences.

Voici enfin l'opinion de l'un des auteurs du *Saggio delle opere di Leonardo da Vinci* que je demande encore la permission de reproduire *in extenso*, malgré les paroles, beaucoup trop flatteuses à mon égard, de M. Camillo Boito. C'est un document capital pour la discussion :

Ma ecco un altro disegno, venuto fuori da un anno appena, e fatto incidere dal signor Luigi Courajod nella *Gazzetta delle belle Arti*. Il disegno sta in Monaco, sotto vetro, nell' anticamera un po' buia del Gabinetto delle stampe, quasi smarrito fra le molte carte di artefici d' ogni tempo e paese. Nessuno, che si sappia, s' era pigliata la briga di guardarlo bene e di cavarne un sugo ; e il signor Courajod ha mostrato molta sottigliezza d' occhio ed un vivissimo amore

per l' arte scoprendolo, traendolo dalla dimenticanza nella quale giaceva e met-
tendolo d' un tratto alla luce del sole. E un foglio molto notevole. La testa del
guerriero, in fatti, somiglia a quella di Francesco Sforza : la persona, chiusa
nell' armatura, con il braccio destro disteso e il bastone del comando in mano,
e certamente assai nobile; il cavallo, portato dalle gambe di dietro, quantunque
in atto di slanciarci con le zampe anteriori ben alte da terra, ha un' apparenza
grave, aggiungeremmo quasi solenne. La testa del cavallo è invero leonardesca;
e il totale della statua, con quel guerriero caduto, sul qual poggia il ventre del
massiccio animale, risponde ai concetti, che furono sino ad ora attribuiti a
Leonardo per il colosso e dei quali si trovano parecchie traccie qua e là.

Ma il disegno non è di Leonardo : lo confessa il medesimo signor Courajod ;
fors' è di un suo allievo, e torna facile supporre, dice, che sia stato propriamente
copiato dal monumento originale. E lo scopritore subito con lieta fede conclude :
« J'ai la conviction qu'il représente le modèle définitif. » Qui sta il punto. I modelli
furono due, ma i pensieri, gli schizzi, i disegni furono innumerevoli ; e si sa che
i disegni di Leonardo venivano ricercati, studiati, copiati mentre egli viveva
ancora. Alberto Dürer, niente meno, forse durante il suo longo soggiorno in
Venezia, cavò abbondanti memorie dalle ricerche sulle proporzioni del corpo
umano, dai profili strambi di teste, dai cavalli del suo celebre contemporaneo. Il
disegno del signor Courajod potrebb' essere dunque la copia più o meno vecchia
di uno dei disegni finiti da Leonardo per la propria sua statua, ma non tradotti
in modello ; potrebbe anche essere la copia del modello fatto da Antonio Pollaiolo
per la statua equestre dello stesso Francesco Sforza, della quale il Vasari posse-
deva — lo dice lui stesso — il disegno in due modi : in uno il duca à sotto Verona,
nell' altro egli, tutto armato, fa saltare il cavallo addosso a un armato.

Il gentile Francese perdoni dunque alla nostra caparbietà se mettiamo
innanzi al disegno, che chiameremo suo, quello a matita rossa, che si vede
nell' Ambrosiana e che il Clement dice bellissimo, etc. [1]

Aux objections précédemment formulées par M. Mongeri,
M. Boito ajoute que le dessin de Munich pourrait bien n'être
que la copie plus ou moins ancienne d'un dessin de Léonard et
une des études qui n'ont pas reçu leur exécution dans le modèle.
Car M. Boito, après m'avoir fait l'honneur de discuter mes conclusions avec autant de courtoisie que de bienveillance, persiste
dans la pensée exprimée déjà dans le *Saggio* : La seconde statue
de Léonard devait être d'une allure paisible. Je vais essayer de
répondre simultanément aux observations de MM. Mongeri,
Morelli et Boito, puisque, malheureusement pour moi, je n'ai
pas su encore assurer à mon système l'approbation de ces
savants.

1. *Leonardo e Michel Angelo,* p. 91, 92 et 93.

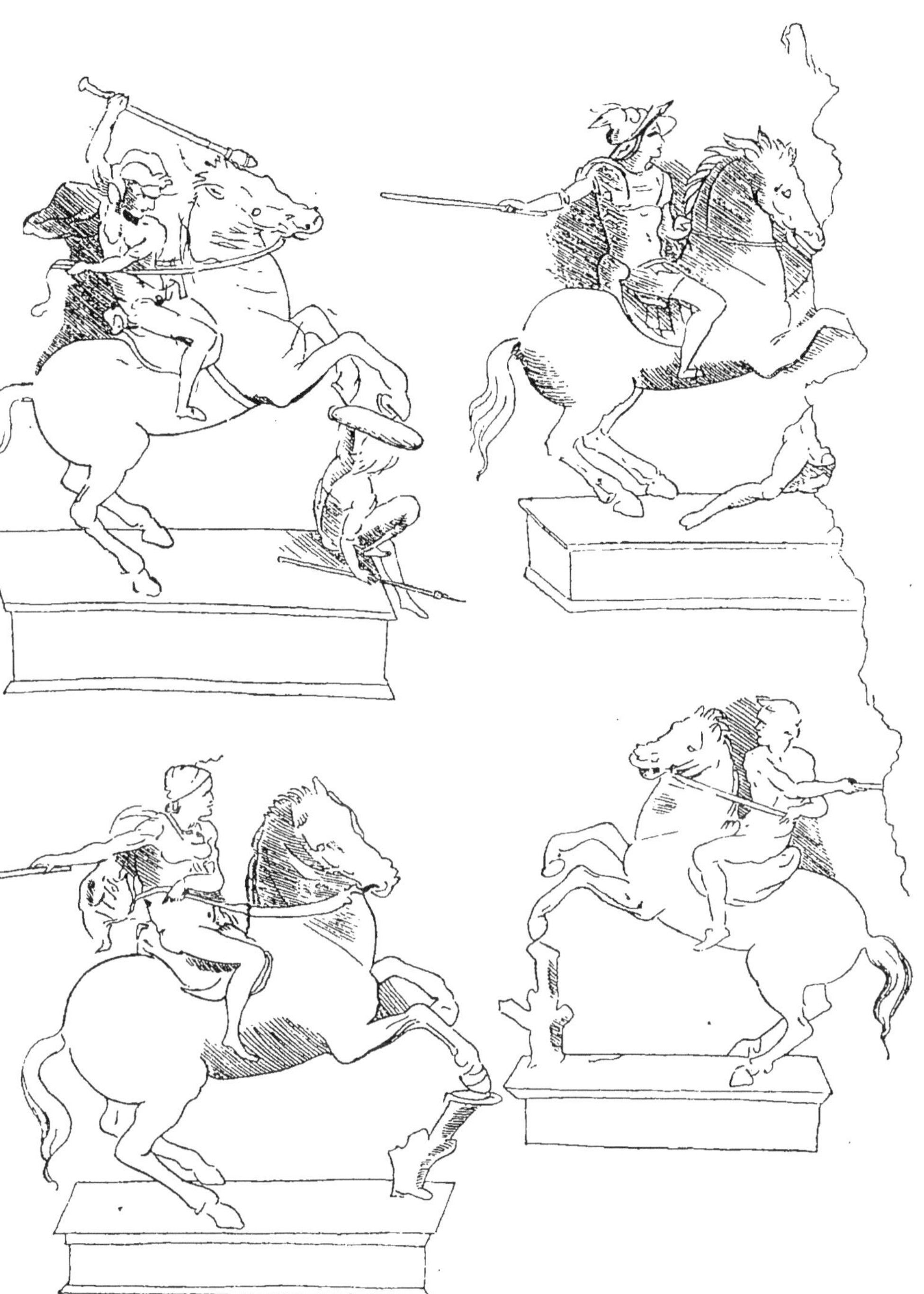

ÉTUDES DE LÉONARD DE VINCI POUR LA STATUE DE FRANCESCO SFORZA
(Réduction en fac-similé de l'estampe attribuée au maître lui-même,
Passavant, le *Peintre-Graveur*, tome V, p. 181, N° 3.)

II

M. Morelli m'a rendu un très grand service en faisant connaître son opinion. Pour lui, le dessin de Munich serait un
dessin d'Antonio del Pollajuolo. Donc le document est italien et
contemporain de Léonard. Me voilà débarrassé des insinuations
qui prétendaient que ce dessin était allemand et datait du
xviiᵉ siècle. Sans me prononcer d'après de nouveaux éléments
d'information, sans prétendre réviser, ni fortifier le jugement de
l'éminent connaisseur, je serais très désireux de me ranger à
son avis. Les dessins de Pollajuolo, ou réputés tels, sont assez
rares et leur attribution est le plus souvent très problématique [1].

1. Voyez l'intéressante note que M. Reiset a consacrée aux peintures et aux
dessins des Pollajuoli dans *Une Visite à la National Gallery en 1876*, 1ʳᵉ partie,
p. 30 et 31.

Puisque l'occasion se présente, je dirai quelques mots du dessin que possède le musée du Louvre (catalogue des dessins par M. Reiset, p. LVI) et qui
est attribué à la personnalité complexe et encore indéterminée de Pollajuolo.
L'attribution très certainement judicieuse, faite d'ailleurs d'après une inscription
tracée sur l'angle gauche du dessin et publiée par M. Reiset (*Une Visite à la
National Gallery en 1876*, p. 31), est acceptée par cet éminent érudit. Or, je
remarque que l'homme nu, vu de profil, placé au milieu du dessin (nᵒ d'ordre
1486), a tout à fait la physionomie du modèle d'académie ordinaire à Léonard.
C'est la tête chauve bien facilement reconnaissable et bien connue par les dessins
de la reine d'Angleterre publiés par Chamberlaine et par quelques planches de
Gerli (nᵒ XLV, ' II, ' III). De plus, cet homme, dont le bras gauche est tranché
à la hauteur du biceps pour laisser voir le torse, se retrouve encore dans une
copie de la même académie collée sur l'un des feuillets du recueil de dessins
de Vallardi, fᵒ 249, nᵒ 2569. La jambe du même homme a été reproduite
plusieurs fois par Gerli, pl. XXXIII et XXXIV. Son torse a été gravé par Hollar
(*Wenzel Hollar, beschreibendes verzeichniss seiner kupferstiche*, par Gustave
Parthey. Berlin, 1853, p. 400, nᵒ 1772). Si l'attribution est bonne, c'est-à-dire
si le dessin attribué à cet insaisissable Pollajuolo n'est pas tout simplement
une étude courante exécutée par quelque Florentin plus ou moins directement
d'après quelque modèle attitré dans l'école de Léonard, il faut admettre que
le personnage du milieu, dont le bras est tranché, a été inspiré à Pollajuolo par
Léonard. Quoi qu'il en soit, il me paraît intéressant de relever les points de
contact entre les artistes d'une même époque, sans que je me porte actuelle-

J'avoue ne pas avoir encore sur eux d'opinion bien arrêtée, mais je ne constate pas, entre le dessin de Munich et les estampes du maître, une contradiction suffisante pour m'empêcher d'accepter provisoirement sans protestation le sentiment, évidemment raisonné, que professe M. Morelli avec toute la compétence désirable.

M. Morelli a apporté un autre argument dans la discussion. Le dessin, après la mort de Pollajuolo, aurait appartenu à Vasari et serait décrit par lui[1]. Voici le texte de Vasari : « E si trovo, dopo la morte sua, il disegno e modello che a Ludovico Sforza egli aveva fatto per la statua a cavallo di Francesco Sforza, duca di Milano, il quale disegno è nel nostro libro, in due modi : in uno egli ha sotto Verona ; nell' altro egli, tutto armato, e sopra un basamento pieno di battaglie, fa saltare il cavallo addosso a un armato. » Je suis toujours d'accord avec M. Morelli. J'accepterai, si l'on veut, de croire, quoique le dessin, rogné du bas, ait perdu son « *basamento pieno di battaglie* », que le document de Munich soit l'une des feuilles de papier recueillies après la mort de Pollajuolo et qu'elle ait été possédée par Vasari. Si la chose n'est pas évidente, elle est très suffisamment vraisemblable. Mais je refuse d'aller plus loin. Oui, le dessin peut être à la rigueur de Pollajuolo ; oui, Vasari a pu le décrire et le posséder. Il m'est impossible, au contraire, d'admettre qu'il reproduise une composition et un modèle de Pollajuolo. L'affirmation de Vasari ne me suffit plus quand elle est contredite absolument par l'examen des faits.

Tout d'abord, rien ne me porte à attribuer *a priori* ce sujet de sculpture à Pollajuolo. En effet, si je n'ai pas actuel-

---

ment garant de l'attribution du dessin du Louvre nᵒ 1486, ni que je soutienne que le dessin nᵒ 2569, assez médiocre, quoique émanant à un degré quelconque de l'école lombarde, soit attribuable à Léonard. Le dessin 2569 est décrit : *Disegni di Leonardo da Vinci posseduti da Giuseppe Vallardi*. Milan, 1855, in-8ᵒ, p. 57. Voyez ci-après le *Post-scriptum*.

1. *Le Vite*, tome III, p. 297 de la dernière édition de M. Gaetano Milanesi.

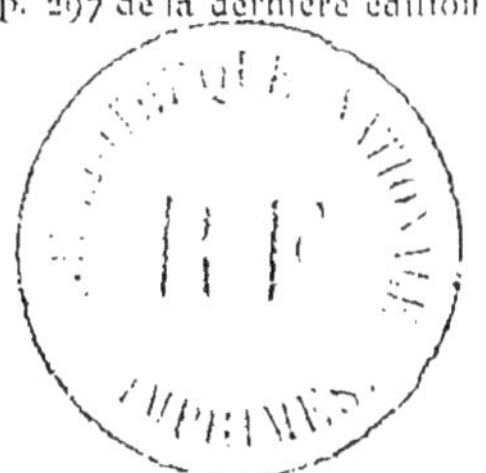

lement de bases certaines pour asseoir un jugement sur les dessins de cet artiste, il n'en est pas de même de ses travaux de sculpture. Les tombeaux de Sixte IV et d'Innocent VIII sont là pour nous transmettre sa manière. Cette manière est anguleuse et boursouflée, pleine de ragoût, si l'on veut, mais exagérée et tourmentée. Antonio del Pollajuolo n'a pas été nommé en vain le Bernin des Quatrecentistes. Or le modèle en question, bien pondéré dans son mouvement, ne rappelle pas nécessairement et invinciblement un auteur de style violent et maniéré. Ce n'est donc pas à Pollajuolo, qu'en dehors de preuves bien convaincantes, nous pourrions attribuer, d'instinct, le modèle. On va voir, d'autre part, que ces preuves indispensables ne sauraient exister.

J'ai déjà expliqué[1] que les esquisses gravées, dit-on, par Léonard lui-même et, en tout cas, d'après ses dessins, étaient des études pour la statue de Francesco Sforza, dans lesquelles le sculpteur cherchait le point d'appui nécessaire à l'équilibre d'un cheval dressé sur ses jambes de derrière. J'affirmais ce fait en rapprochant du dessin de Munich ces esquisses gravées, signalées autrefois dans la seconde édition des dessins publiés par Gerli[2], décrites dans *le Peintre-Graveur* de Passavant[3], et données en fac-similé par M. le marquis d'Adda dans son remarquable article sur la gravure milanaise[4]. Je pouvais également tirer un argument de la présence des bases sous les pieds des chevaux. M. Camillo Boito, dans un passage du *Saggio delle opere di Leonardo* etc., déjà reproduit par nous[5], se refuse à croire que ces cavaliers, inspirés par la vue de bas-reliefs antiques, traduisent une pensée destinée à la statue du

1. *Gazette des Beaux-Arts*, 2ᵉ période, t. XVI, p. 422, 423, 426 et ci-dessus p. 4 et 7.

2. Édition donnée par Vallardi en 1830, p. 5, note.

3. Tome V, p. 181, nᵒ 3.

4. *Gazette des Beaux-Arts*, tome XXV, p. 145. C'est grâce à une photographie obligeamment communiquée par M. le marquis d'Adda que nous avons pu donner un nouveau fac-similé de cette rarissime estampe.

5. *Gazette des Beaux-Arts*, 2ᵉ période, t. XVI, p. 424 et ci-dessus p. 5.

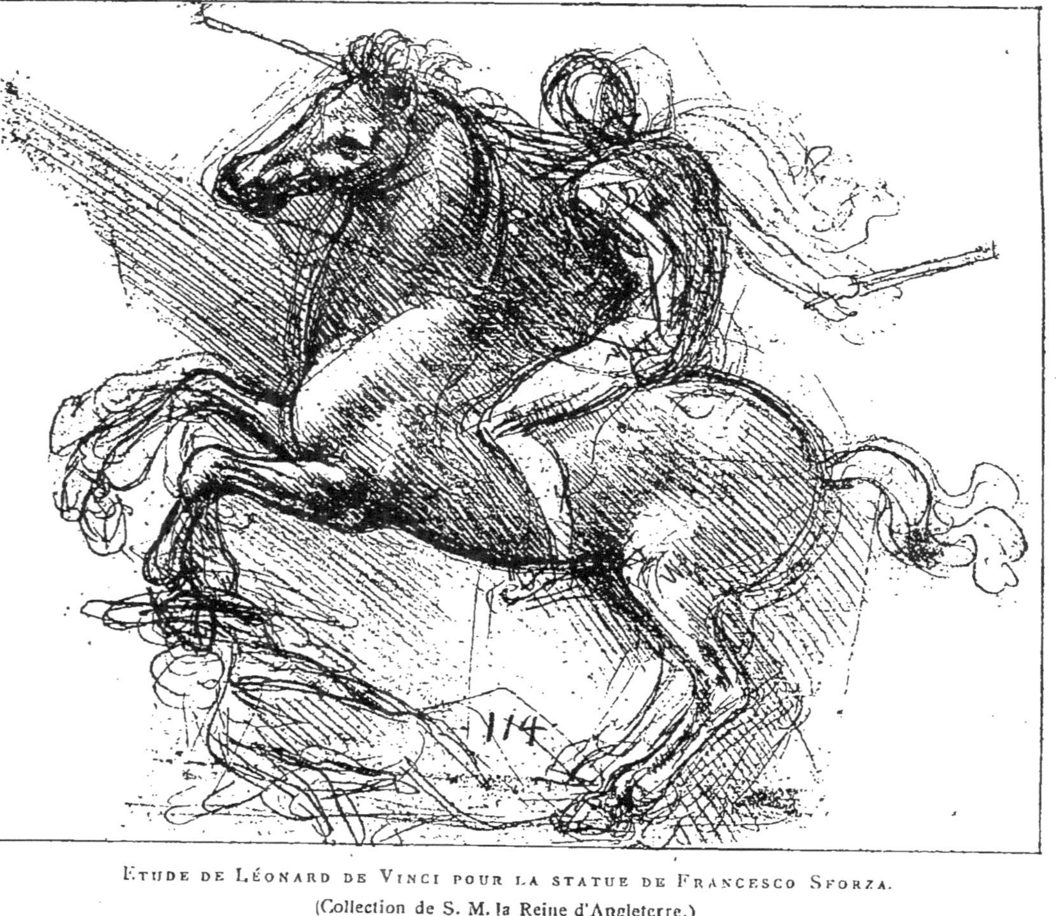

Étude de Léonard de Vinci pour la statue de Francesco Sforza.

(Collection de S. M. la Reine d'Angleterre.)

duc François. Il maintient son opinion dans la réimpression de son beau travail [1]. Le fait, cependant, est matériellement certain. Un assez grand dessin de Léonard, à Windsor, représente un cavalier dont le cheval, lancé au galop, pose le pied de devant sur le tronc noueux d'un arbre. On y remarque absolument la même disposition que dans deux des croquis de la gravure citée plus haut. Un autre dessin, reproduit par nous p. 19, montre simultanément un cavalier dans deux positions différentes : 1º Le bras est en arrière et le bâton de commandement est placé comme dans un des croquis de l'estampe; 2º le bras est dirigé en avant comme dans le dessin de Munich. Il est impossible désormais de nier l'évidence. Qui voudrait soutenir maintenant que les esquisses de la gravure n'ont pas été détachées de la suite des études de Léonard pour sa statue et que ces études ne sont pas, avec notre dessin, dans des rapports de paternité et de filiation?

Les dessins conservés à Windsor, ajouterai-je, sont d'une célébrité européenne; leur authenticité et leur provenance [2] les mettent au-dessus de la discussion. Tous les évènements de la vie de Léonard y ont laissé des traces. Comme on peut en juger par quelques spécimens gravés ici et tirés de la suite d'études de la fameuse statue, ces dessins, d'une inspiration identique mais d'une exécution infiniment variée, sont pour la plupart des croquis ou des esquisses, c'est-à-dire les premières pensées d'un artiste qui cherche sa composition, et retourne dans tous les sens le thème qu'il a choisi. On s'étonnera peut-être de tant de ténacité et de persistance, chez le capricieux Léonard, poursuivant, avec une inexorable obstination, la solution d'une difficulté qui l'embarrasse : placer son héros, dans l'ardeur du combat, sur un cheval

1. *Leonardo e Michel Angelo*, 1879, in-8º, p. 89 et 90.

2. Sur la provenance des dessins recueillis par Pompeo Leoni et conservés à Windsor, consultez la notice de Mariette sur Léonard réimprimée dans l'*Abecedario*, tome III, p. 141 et 142; Charles Rogers, *A collection of prints in imitation of Drawings*. Londres, 1778, in-fº, tome I, *Leonardo*, p. 4 ; J. Chamberlaine, *Imitations of original desings by Leonardo da Vinci*, 1796, préface ; et le *Cabinet de l'Amateur* de M. Piot, 1861-1862, p. 61, 2º colonne.

cabré. On dira ce qu'on voudra au nom des principes de l'esthétique. Mais il n'y a pas à raisonner contre des faits. Elle a existé,
cette idée fixe, réalisée de tous points dans le dessin simplifié
et apaisé de Munich, si furieusement, si longuement et, d'abord,
si confusément méditée par Léonard ; de nombreux tâtonnements sont là pour montrer les phases par où elle a passé. Eh
bien ! si ces croquis sont tous incontestablement des premiers
jets de pensée, des tâtonnements de Léonard, comment admettre ensuite que leur résultat soit l'œuvre de Pollajuolo ?

Est-ce que Léonard était un plagiaire ? Oui, sans doute, il
étudiait les ouvrages de ses contemporains et les chefs-d'œuvre
de l'antiquité. Il a dessiné les chevaux de Venise ; il a dessiné la
statue de Marc-Aurèle et les colosses du Monte Cavallo. Il a dessiné la figure de Gattamelata et celle du Colleone. Il a copié bien
d'autres sculptures[1]. Vasari a parlé de quelques-uns de ses em-
prunts[2]. Il aurait pu tirer un dessin du projet de Pollajuolo.
Mais, quand Léonard copie, on reconnaît que l'inspiration ne
vient pas de lui. Tout, au contraire, est spontané ou cherché et
trouvé du bout de la plume dans les croquis de la statue. Venez
donc dire maintenant que le dessin de Munich, au lieu d'être le
but auquel tendaient tous ces efforts, n'en est que le point de départ
et que ces immenses recherches ne sont que l'interprétation ou
l'imitation du prétendu modèle de Pollajuolo. Le fier Léonard,
le créateur par excellence, travaillant seize ans pour dérober la
pensée d'un autre[3] ! J'ai à mon tour le droit de m'écrier : « .... *ci
sembra cosa incredibile !* »

Plagiaire aurait encore été Léonard, quand, dans le carton
de la bataille d'Anghiari, il a dessiné le groupe du combat du

1. Voyez les fac-similés de Gerli et les dessins de la reine d'Angleterre à
Windsor désignés ci-après.

2. *Le Vite*, seconde édition de M. Gaetano Milanesi, tome III, 1879, p. 364.
Cf. également : Marquis G. d'Adda, *Gazette des Beaux-Arts*, t. XXV, p. 140.

3. Léonard a dit dans son *Traité de la Peinture* (Rome, 1817, p. 69) : « Dico
alli pittori che mai nessuno dee imitare la maniera d'un altro, perchè sarà
detto nipote e non figlio della natura. »

drapeau. Léonard aimait certainement à reproduire, ailleurs que dans d'innombrables croquis, l'effort que fait le cheval se repliant sur ses jarrets pour franchir un obstacle ou se jeter en avant. L'homme couché qu'il avait si longtemps étudié pour la statue, on le voit étendu sous l'avant-main du cheval de gauche [1]. Dira-t-on que ce sont là des banalités communes à toute une école ? L'argument ne peut s'appliquer à Léonard. On n'a donc vraiment à opposer à cet invincible raisonnement par l'absurde qu'un mot de Vasari. Mais Vasari n'avait pas vu la statue de Milan, et on sait ce que valent ses renseignements quand il parle de faits dont il n'a pas été témoin. Les documents d'histoire, à mesure qu'ils se découvrent, infligent au biographe des artistes italiens les plus cruels démentis [2]. Il n'est même pas besoin de récuser absolument le témoignage d'un auteur aussi souvent mal informé. Vasari prétend que Pollajuolo avait chez lui deux dessins du projet de la statue de Francesco Sforza qu'il avait préparé pour le monument. La description du second de ces dessins correspond parfaitement au dessin de Munich. Il est donc admissible, je le répète, comme le propose M. Morelli, que le dessin de Munich, possédé par Vasari, ait pu être exécuté par Pollajuolo. Mais il ne s'ensuit pas du tout que ce second dessin, une fois

1. Le carton de Léonard pour la bataille d'Anghiari nous est partiellement connu par la description très précise de Vasari (*Le Vite*, éd. Lemonnier, tome VII, p. 31), avec laquelle concordent suffisamment le dessin de la casa Ruccellaj, gravé dans l'*Etruria pittrice*, pl. 29, et la copie plus ou moins directe de Rubens qui est au Louvre, n° 565 du catalogue des dessins. Gérard Edelinck a gravé également le même sujet. Il existe aussi quelques peintures anciennes reproduisant et réduisant la composition. Le croquis inséré dans cet article est tiré de l'une de ces peintures appartenant actuellement à M. Timbal et gravée par M. Haussoullier. Quelque altérés que puissent être par des interprétations successives le dessin et la composition de Léonard, on voit que ces lourdes croupes de chevaux correspondent à la disposition du cheval de Munich.

2. Ce sera l'honneur du magnifique travail de M. Eug. Müntz, *les Arts à la cour des Papes*, de venir, concurremment avec les documents publiés par les Gaye, les Reumont, les Citadella, les Campori et les Milanesi, nous affranchir de notre humiliante crédulité envers les fables de Vasari.

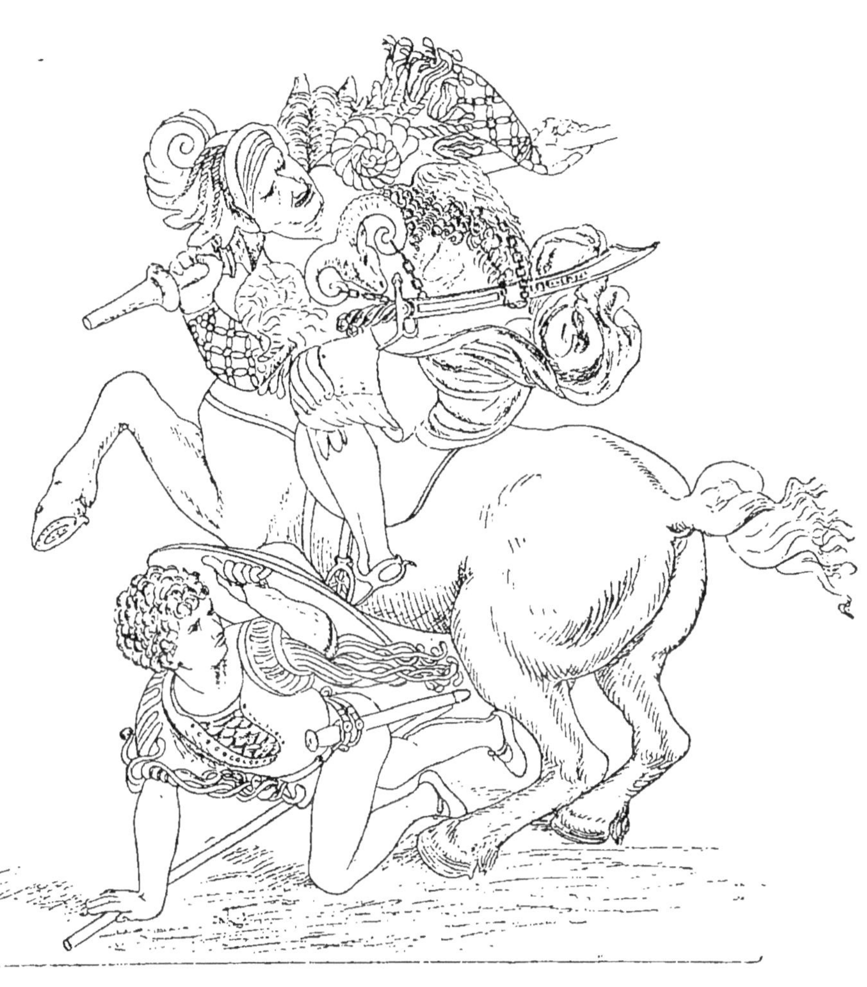

Fragment du carton de Léonard de Vinci
pour la bataille d'Anghiari,
d'après une peinture du XVIᵉ siècle.

identifié avec celui de Munich, ait été nécessairement l'expression de la pensée personnelle de Pollajuolo. Antonio del Pollajuolo, mort seulement en 1498, peut très bien avoir vu et dessiné la statue de Léonard[1], et en avoir rapproché la reproduction d'un autre projet qui lui était personnel. S'il y a un imitateur, pourquoi accuser Léonard? Que les partisans de Pollajuolo commencent par nous montrer, pour leur dessin arrêté et unique, une suite d'études et d'esquisses aussi nombreuses et aussi probantes que celles du Vinci.

III

J'avais soutenu que le dessin de Munich, en même temps qu'il traduisait la pensée de Léonard, nous conservait, à un degré quelconque, l'image de celui des deux projets qui fut exécuté par lui en dernier lieu. Cette proposition n'a pas soulevé moins d'objections que la première. En effet, sous prétexte que l'abondance des documents égarait la critique au lieu de la diriger, on a depuis longtemps déclaré que le problème du choix des projets était insoluble en dehors de certaines considérations d'esthétique générale. Je persiste à croire que la question peut être éclairée par l'histoire. Pour la résoudre, il faut l'aborder naïvement, sans parti pris, sans préoccupations antérieures, avec le doute méthodique, comme l'aurait traitée Léonard lui-même, c'est-à-dire le père de l'esprit scientifique moderne, le disciple de l'expérience, le maître qui ne craignait pas d'employer le raisonnement et le secours des mathématiques dans l'appréciation des plus subtiles proportions de la forme, l'artiste enfin qui ne crut pas faire déchoir l'art en cherchant à faire de l'art une science. Inspirons-nous donc de l'esprit de Léonard et partons de l'examen des faits, c'est-à-dire de cette masse énorme de renseignements

---

1. Voyez ce qui a été dit plus haut, p. 16, note. Le contact entre les deux artistes ne serait pas un fait isolé.

que nous a conservés la main respectueuse de ses élèves. Ce
sera un devoir pour l'Europe savante de publier intégrale-
ment les manuscrits et les dessins dépositaires d'une telle pensée [1]. On n'avait donc qu'à interroger les papiers de Léonard
pour y recueillir quelques témoignages sur le projet qui l'occupa
près de seize ans, et on l'a fait d'assez bonne heure. Malheureusement les documents relatifs à la statue sont si nombreux qu'ils
ont écrasé l'attention superficielle de leurs admirateurs. Sortis
éblouis de cette enquête, ces admirateurs ont, à tort, déclaré à
jamais troublée la source la plus pure où nous devions aller pui-
ser. Je crois qu'ils ont quelquefois manqué de clairvoyance et de
méthode. Que les documents soient nombreux et contradictoires,
peu importe. Il ne faut pas les examiner un à un, mais les ramener
à quelques types principaux, grouper tous ces projets par familles
et, alors, la question se simplifie singulièrement. Si on a soin
d'écarter les études de chevaux d'après nature ou d'après des
statues célèbres, les croquis destinés à l'illustration d'un traité
d'escrime de Gentile Borri[2], tout ce qui ne tient pas directement
à l'ensemble de la conception du sujet,—et en renonçant, bien en-
tendu, à noter les variétés infinies de chaque espèce et de cha-

---

1. L'exemple a été donné depuis longtemps : *Variæ figuræ et probe artem
pictura incipiendæ juventuti utiles a Wenceslao Hollar, Boh., aq. f. ære
inc. 1645; Variæ figuræ monstruosæ, ære inc. a Jacobo Sandrart*, Ratis-
bonne, 1654; Caylus et Mariette, *Recueil de charges et de têtes de différents
caractères gravées à l'eau-forte d'après les dessins de Léonard de Vinci*, 1730
et 1767; Gerli, *Disegni di Leonardo da Vinci incisi e pubblicati*, Milan, 1784;
Vallardi (nouvelle édition de Gerli, 1830); John Chamberlaine, *Imitations of
original designs by Léonard da Vinci*, 1796; MM. Monneri, Boito, Govi (*Saggio
delle opere di Leonardo da Vinci*, 1872). La reine d'Angleterre en faisant
photographier de nombreux dessins de sa collection, après les avoir exposés
(*Exhibition of works by the old masters*, Royal Academy of arts, Burlington
House, 1879), a donné une nouvelle impulsion à cette utile entreprise. Elle sera
continuée. M. Charles Ravaisson-Mollien va publier incessamment le texte
photographié des manuscrits de Léonard conservés dans la bibliothèque de
l'Institut de France.

2. Gerli, *Disegni di Leonardo da Vinci*, 1784, p. 12 et 16. — Lomazzo, *Trat-
tato della pittura*, Rome, 1844, tome II, p. 274.

que genre, — tous les dessins de Léonard relatifs à la composition de son œuvre pourront être ramenés à deux types principaux, l'un calme et l'autre animé.

Dans le premier type, le cheval, au pas, semble descendre de l'attique de l'église Saint-Marc de Venise; c'est celui que Gerli (pl. XL) et le *Saggio delle opere* (pl. XXIV) ont reproduit posant un pied de devant sur un vase qu'il renverse et maintenu dans une armature de bois destinée à faciliter son transport. C'est à cette famille de dessins que se rattache, par son attitude, le cavalier du manuscrit de Gambagnola de Crémone, et j'accepterais volontiers tout ce qui a été dit à son sujet. Si le point de départ de ce type est, à mon avis, la copie des chevaux de Venise, le point d'arrivée, c'est le dessin au crayon rouge du Musée de Brera recommandé tout spécialement par M. Boito[1].

De son côté, le cavalier à l'allure animée a aussi laissé partout des témoignages nombreux et probants de son existence. Le dessin de Munich, quelle que soit la main qui l'ait produit, est le résumé le plus complet de toute cette série des recherches de Léonard. Il joue, pour le second type, le rôle que le dessin de l'Ambrosienne remplit pour le premier.

Pourquoi maintenant — tout en reconnaissant que le type n° 1 a pu être exécuté tout d'abord et représente plus ou moins vraisemblablement un premier modèle exposé en 1493 lors du mariage de Blanche-Marie avec Maximilien, — ai-je avancé et suis-je encore en train de soutenir que le type n° 2 est le projet définitif? C'est parce que, seul, ce type correspond à la description d'un témoin oculaire et que nous savons par Paul Jove que le cheval du modèle exécuté en dernier lieu était « vehementer incitatus et anhelans[2] ». Pour m'enlever cette conviction,

---

1. *Saggio delle opere di Leonardo*, p. 25 et 26, et *Leonardo e Michel Angelo, studio d'arte*, p. 93 et 94.

2. Le texte complet de la notice de Paul Jove sur Léonard a été publié par Tiraboschi dans sa *Storia della letteratura italiana*. Rome, tome IX, 1785, pages 120-121. D'après Tiraboschi, la rédaction de la notice sur Léonard daterait de 1527 environ.

il faudra me montrer, dans les documents laissés par Léonard
ou nés autour de son œuvre, un nouveau type plus conforme au
texte descriptif de son contemporain [1].

IV

Sur le terrain du raisonnement et de la froide dialectique
cette théorie me paraît inattaquable, tant que les termes de la
question ne seront pas modifiés. Mais, en vérité, j'ai honte de
me maintenir exclusivement sur ce terrain en parlant de Léonard et de restreindre à ce point l'intérèt du problème examiné.
Il ne faut pas s'oublier dans de mesquines recherches de pé-
dant, ni réduire l'œuvre d'un tel homme à n'être que le prétexte
d'une aride polémique. Ouvrons donc notre cœur aux sentiments qui devaient agiter une âme aussi ardente, aussi profonde
que celle de Léonard. Reportons-nous aux évènements qui
durent l'émouvoir et aux circonstances qui lui mirent l'ébauchoir
à la main. Étudions l'importance qu'eut dans sa vie l'entreprise
de ce travail. Interrogeons encore et d'une manière plus générale les cahiers de notes et de croquis, témoins fidèles de toutes
ses impressions. Nous obtiendrons, je crois, des éclaircissements
nouveaux et, sur la foi des preuves les plus positives et les plus
matérielles, nous verrons naturellement se produire ce que
l'étude trop extrinsèque du sujet nous a déjà révélé.

Le culte des morts est de tous les temps. Les Égyptiens
entassaient des amas énormes de pierres au-dessus de la dé-
pouille mortelle de leurs pharaons. Les Italiens de la Renaissance
voulurent, eux aussi, élever des pyramides sur la tombe de
leurs souverains, mais ces pyramides étaient des œuvres d'art
compliquées, leurs ouvriers étaient des artistes de génie, et leur
effort fut tel que la matière et le temps firent défaut à leurs

---

1. M. Boito a cherché à atténuer la valeur des expressions de Paul Jove
(*Leonardo e Michel Angelo*, p. 98), mais il sera toujours impossible d'appliquer
ces expressions à un cheval qui marcherait au pas.

grandioses projets. On peut, sans exagération, comparer dans leur imposante majesté les intentions pittoresques des deux nations et des deux époques. Quelques-uns des monuments funéraires de la Renaissance, tout détruits qu'ils sont ou inachevés qu'ils aient été, projettent encore leur ombre immense sur toute l'histoire de l'art moderne. C'était une œuvre vraiment gigantesque que le tombeau de Jules II rêvé par Michel-Ange. Le tombeau projeté de François Sforza ne devait pas être moins sublime. Léonard, comme son jeune rival, eut, lui aussi, sa « tragedia del Sepolcro ».

Dès 1472 [1], Galeazzo-Maria Sforza, au milieu d'une des cours les plus lettrées et les plus raffinées de l'Italie, résolut de consacrer un monument considérable à la mémoire de son père. La première idée qui devait s'offrir à un Italien du grand siècle était de représenter le fondateur de la dynastie milanaise, à cheval, au-dessus de sa sépulture. C'est la vieille pensée véronaise, exécutée jadis par Bonino da Campione [2] renouvelée récemment à Padoue [3], et que Bergame [4], et Venise [5] vont imiter à l'envi. Les Sforza étaient amenés à rivaliser jusque dans la mort avec les Scaliger. L'inspiration de l'art se mêle ici, dans leurs désirs, aux suggestions de la politique. La cité de Milan verra, comme Vérone, l'image du maître décédé la dominer encore, du

1. Calvi, *Notizie sulla vita e sulle opere dei principali architetti, scultori e pittori*, etc. Parte II, p. 34. — G. d'Adda, *Indagini storiche, artistiche e bibliografiche sulla libreria visconteo-sforzesca del castello di Pavia*. Appendice alla parte prima, Milano, 1879. p. 62.

2. Sur les tombeaux des Scaliger, voyez : Maffei, *Verona illustrata* (Milan 1826), tome IV. p. 129; — *Descrizione di Verona et della sua provincia*, parte I, 1820, p. 236.

3. La statue de Gattamelata était terminée vers 1453. Voyez sur elle: Perkins, *Sculpteurs italiens*, éd. fr., tome Ier, p. 184 et suiv.; — Hans Semper, *Donatello seine Zeit und Schule*, p. 287.

4. Sur la chapelle Colleone, voyez Calvi, *Notizie sulla vita e sulle opere dei principali architetti*, etc., parte II, p. 149 et 151, et Perkins, *Sculpt. ital.*, tome II, p. 146, qui donne la bibliographie du sujet.

5. Sans parler de la statue du Colleone, les églises de Venise sont remplies de tombeaux dans l'ordonnance desquels on a abusé de la statue équestre. Cf. Perkins, *Sculpt. ital.*, éd. fr., tome II, p. 226.

haut de son tombeau, dans l'attitude du commandement. Si
une telle pensée était de celles qui s'imposaient à cette époque
et à cette famille, le programme du monument à élever était
de ceux qui sont dictés par la tradition. Les artistes les plus en
renom de la Lombardie furent appelés à réaliser immédiatement
le désir du souverain. Les deux frères Mantegazza qui, en ce moment, près de Pavie, construisaient et décoraient de sculptures le
monastère de la Chartreuse, sont chargés de modeler la statue
équestre traditionnelle. Elle devait être de bronze. Cristoforo et
Antonio Mantegazza, après avoir hésité, acceptèrent la commande,
fournirent dans un devis les renseignements demandés sur la valeur du travail, calculèrent que le poids du métal monterait à six
mille livres, et le prix, dorure comprise, à dix-huit mille livres im-
périales. Ils posaient en outre la condition qu'on leur donnerait
un cheval pour modèle [1]. Puis, l'affaire en resta là, soit à cause
des évènements politiques, soit parce que les ingénieux sculpteurs,
qui ont couvert la Chartreuse de tant de charmants bas-reliefs,
sentirent qu'ornemanistes avant tout ils n'étaient pas les exécu-
teurs prédestinés de cette grande œuvre. La main qu'elle récla-
mait vint bientôt, d'elle-même, s'offrir.

Quand Léonard arriva en Lombardie, vers 1483 [2] et voulut
faire agréer du régent ses services, il ne manqua pas de flatter
du premier coup la manie que les ducs de Milan se transmet-
taient avec le pouvoir [3]. Il écrivit donc à Ludovic le More, entre
autres choses : « Ancora si potera dare opera al cavallo di bronzo

1. Calvi, *Notizie sulla vita e sulle opere dei principali architetti, scultori e
pittori*, etc., parte II, p. 34.

2. Amoretti, *Memorie storiche su la vita, gli studj e le opere di Leonardo da
Vinci*, p. 32.

3. Baldassare Taccone a dit, en parlant du monument du duc François,
dans la *Coronazione e sponsalizio de la ser. regina M. Bianca Sforza* (1493) :

« E, se più presto non s' è principiato,
La voglia del Signor fu sempre pronta
Non s' era Leonardo ancor trovato
Che di presente tanto ben l'impronta. »

Non seulement le monument de François était commencé, mais ses proportions gigantesques étaient arrêtées longtemps avant la mort de Jean-Galéas-Marie.

che sarà gloria immortale et eterno onore della felice memoria del S[to] vostro padre et de la inclyta casa Sforcesca[1] ». Et pendant seize ans[2] Léonard ne cessa de poursuivre la réalisation d'un projet si cher au souverain qui le patronnait. Ce fut le premier travail qu'il entreprit à Milan. Quand on parle de la statue de Francesco Sforza, il ne s'agit pas, on le voit, d'un monument vulgaire. A la plus belle époque de l'art, le prince le plus puissant de l'Italie avait confié au plus grand artiste des temps modernes le soin de satisfaire tout ensemble la vanité et la piété filiale d'une dynastie.

En ce qui touche l'exécution de l'œuvre et les difficultés rencontrées par le sculpteur, je n'ai rien à ajouter à ce qu'ont dit Gerli, Amoretti, le marquis d'Adda, les auteurs du *Saggio* et tous les historiens de Léonard. Il est certain que le *colosse* ne fut pas coulé en bronze puisque Gaurico, dont le texte publié en 1504 est formel, affirme que le travail resta imparfait[3]. Je n'ai rien non plus de nouveau à apporter, après M. Campori[4], sur

Ce fait résulte d'une épigramme inédite, tirée du ms. 1543 du fonds italien de la Bibliothèque nationale, fol. 104, v°, et qui m'est fort obligeamment communiquée par M. Eug. Müntz.

« Johannes Tollentinus in divi Francisci Sfortiæ erea (*sic*) statua.

« Inclita pax Latii fueram, tum fulgur in armis,
Et mea Scipiadum gloria major erat.
Hunc mihi, magne nepos, et tu, Lodovice, colossum
Ponitis, ut vivat nomen in astra meum. »

M. Müntz veut bien m'apprendre que le ms. 1543 a été écrit entre les années 1492 et 1497. En tout cas la rédaction de l'épigramme est antérieure au décès de Jean-Galéas-Marie.

1. Amoretti, *Memorie storiche*, etc., p. 26.

2. *Ricordi di Mons. Sabba da Castiglione*. Venise, 1565, f° 115, verso. — Amoretti, *Mem. storiche*, p. 32.

3. *Pomponii Gaurici neapolitani de sculptura*. Florence, 1504, dernier feuillet du traité. Conférez également l'excellente note de M. Gilberto Govi : *Intorno a un opuscolo rarissimo della fine del secolo xv°, intitolato Antiquarie prospettiche romane composte per prospettivo milanese dipintore*. Rome, 1876, p. 1 et 20.

4. *Gazette des Beaux-Arts*, tome XX, p. 39.

la cause qui fit disparaître le monument. Je me bornerai à traiter de son ordonnance et de sa composition.

Comment le vieux thème véronais fut-il compris et médité par le Vinci? Les dessins dispersés de toute part peuvent nous l'apprendre. Croit-on que Léonard va se traîner dans l'ornière à la remorque de ses lointains prédécesseurs? Croit-on qu'il va re-

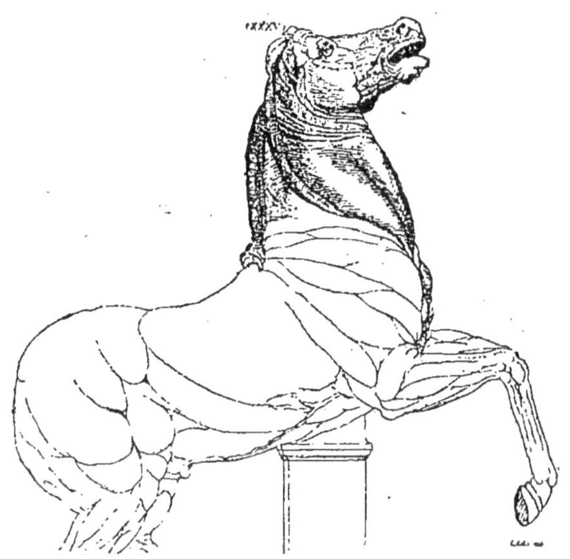

CHEVAL DU MONTE CAVALLO, DIT DE PRAXITÈLE,

dessiné par Léonard de Vinci dans l'état où il se trouvait à la fin du xv⁑ siècle
et gravé dans l'ouvrage de Gerli.

produire le cheval immobile de Barnabò Visconti (aujourd'hui au musée de Bréra), ou l'épaisse monture d'Oldrado di Tresseno, du Broletto de Milan; ou le roide palefroi du saint Martin de l'église de Lucques, ou les chevaux endormis des Scaliger de Vérone? Les conceptions plus vivantes de ses prédécesseurs immédiats, déjà émancipés par la Renaissance, ne lui suffisent même pas. Il connaît et il dessine la statue de son maître Verrocchio à Venise [1]. Il connaît certainement la figure du Gattamelata de Padoue [2]; il fait plus : il remonte au type primordial, à la source commune, les chevaux de Saint-Marc auxquels il consacre longtemps son attention [3]. Il étudie la statue de Marc-Aurèle [4]. Tous les chefs-d'œuvre de l'antiquité, découverts jusque-là, sont visités par lui. Mais, en puisant aux mêmes sources d'inspiration que ses deux grands précurseurs, il y ajoute la préoccupation d'une œuvre nouvelle. Donatello avait emprunté à la statue du Marc-Aurèle, mais surtout aux chevaux de Venise. Verrocchio alliait, dans son modèle, l'allure des bronzes vénitiens à la puissante attitude du cavalier du Capitole, en y mêlant un très grand accent de vie et les conseils de la nature. L'inquiet et inassouvi Léonard veut aller plus loin encore dans le mouvement. Les colosses du Monte Cavallo hantèrent certainement sa pensée. La preuve, c'est qu'il interrogea leur signification et examina minutieusement leur constitution anatomique, comme en fait foi un dessin reproduit en fac-similé par Gerli [5].

Celui des deux chevaux du Quirinal qui a été dessiné par Léonard est, d'après deux estampes portant l'une l'adresse d'Antonio Salamanca [6] et l'autre celle d'Ant. Lafreri, le cheval attribué à

1. Les dessins de la statue de Colleone (dont l'un au crayon rouge), exécutés par Léonard, se trouvent à Windsor. Cette reproduction montre quelques différences avec la figure qui existe sur la place de San Zanipolo. Peut-être Léonard avait-il vu le premier modèle de Verrocchio, peut-être avait-il ajouté des modifications de son invention ? Ces dessins ont été exposés à Londres en 1879. *Exhibition of Works by old masters.* Royal Academy of arts, Burlington House, nᵒ 187, p. 86.

2. Dessin appartenant à la reine d'Angleterre et exposé en 1879, nᵒ 186, p. 86 du catalogue de l'*Exhibition of Works by the old masters.* Royal Academy of arts, Burlington House, 1879.

3. Plusieurs dessins à Windsor.

4. *Exhibition of Works by the old masters.* Royal Academy of arts. Burlington House, 1879, p. 86, nᵒ 181.

5. Gerli, *Disegni di Leonardo da Vinci*, pl. XXXV.

6. Nous avons fait reproduire une partie de cette estampe pour accompagner cet article.

Praxitèle. Quand elle fut copiée, cette sculpture se trouvait dans
l'état où l'avaient mise les travaux de consolidation entrepris par

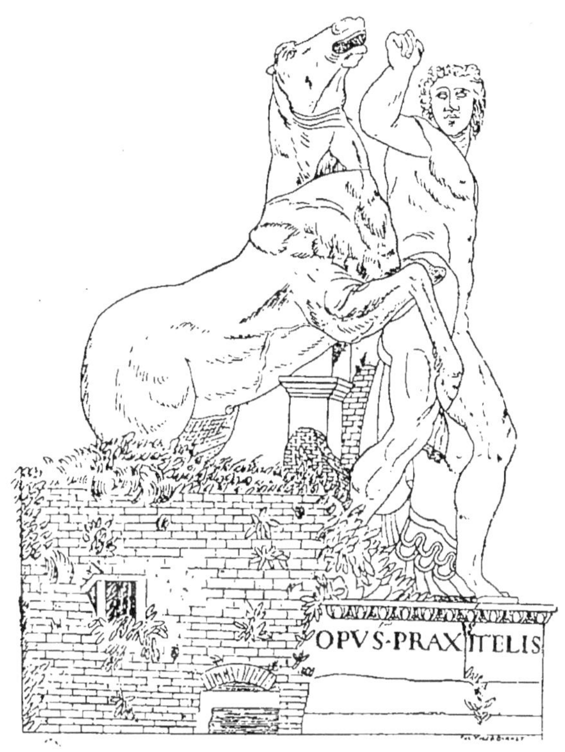

Le cheval dit de Praxitèle
au Monte Cavallo, à Rome,
d'après une estampe antérieure à 1546.

Paul II[1], et telle que la montrent trois planches gravées publiées,
la première par A. Salamanca[2] avant 1546, les deux autres par

1. Eug. Müntz, *les Arts à la cour des Papes*, tome II, p. 94 et 95.

2. Cabinet des estampes de la Bibliothèque nationale, topographie de Rome
V. b. 77. Je dis que cette estampe sans date est antérieure à 1546 parce que la
planche de Lafreri, datée de 1546, est la copie de la première en sens inverse.

3

Lafreri en 1546 [1] et en 1550 [2]. Les jarrets de derrière du prétendu cheval de Praxitèle étaient cachés et emprisonnés dans des assises de maçonnerie. Il avait déjà perdu un des pieds de devant. Le cheval dit de Praxitèle fut reproduit de préférence par le maître, parce que celui qu'on attribuait à Phidias était beaucoup plus mutilé. Il est aujourd'hui devant la fontaine du Monte Cavallo, à droite du spectateur [3].

Tandis que, par une étude passionnée de l'anatomie chevaline [4] — étude qui, en apparence, dépasse de beaucoup les exigences de la sculpture, — Léonard prépare à son projet le charme d'une prodigieuse exécution, la composition se dessine dans sa tête. Il invente un monument colossal. Un piédestal gigantesque, autour duquel se groupent des figures, est couronné par le héros. La statue paraît d'abord s'associer à l'idée d'une fontaine [5]. Le cheval, calme d'allure, marche au pas et pousse de l'un de ses pieds de devant un vase d'où l'eau s'épanche [6]. Cette ingénieuse allégorie semble rappeler que la Lombardie a été dotée par ses souverains d'un merveilleux système d'irrigations. Elle est complétée par un autre symbole. A l'arrière-main du cheval, sous le

1. Cabinet des estampes, Rome ancienne, tome IV, G. c. 7.

2. Cabinet des estampes, *Ibid*. Il faut se défier des indications plus ou moins exactes fournies par les documents gravés postérieurement à 1550.

3. Il ne peut pas y avoir de doute. C'est bien le cheval de droite que Léonard a copié. Comme on peut s'en assurer sur les moulages de Berlin, toutes les jambes de devant des deux chevaux sont modernes, à l'exception de la jambe droite du cheval de Praxitèle. Or, précisément le cheval dessiné par Léonard avait encore cette jambe à la fin du xve siècle et seulement celle-là. Cf. également l'estampe reproduite par nous.

4. Il existe partout de nombreux dessins d'anatomie chevaline, exécutés par Léonard ; Gerli en a gravé plusieurs. Une estampe du xve siècle, attribuée à Léonard, reproduit des études de têtes de chevaux. (Passavant, *le Peintre-Graveur*, tome V, p. 183, n° 10.) Cf. les dessins gravés en fac-similé ci-après, p. 41, d'après le ms. A de la Bibliothèque de l'Institut, fol. 62, v°. Une photographie de ces dessins nous a été gracieusement communiquée par M. Ch. Ravaisson-Mollien.

5. Plusieurs dessins à Windsor.

6. Plusieurs dessins à Windsor; dessin dans Gerli, pl. XL.

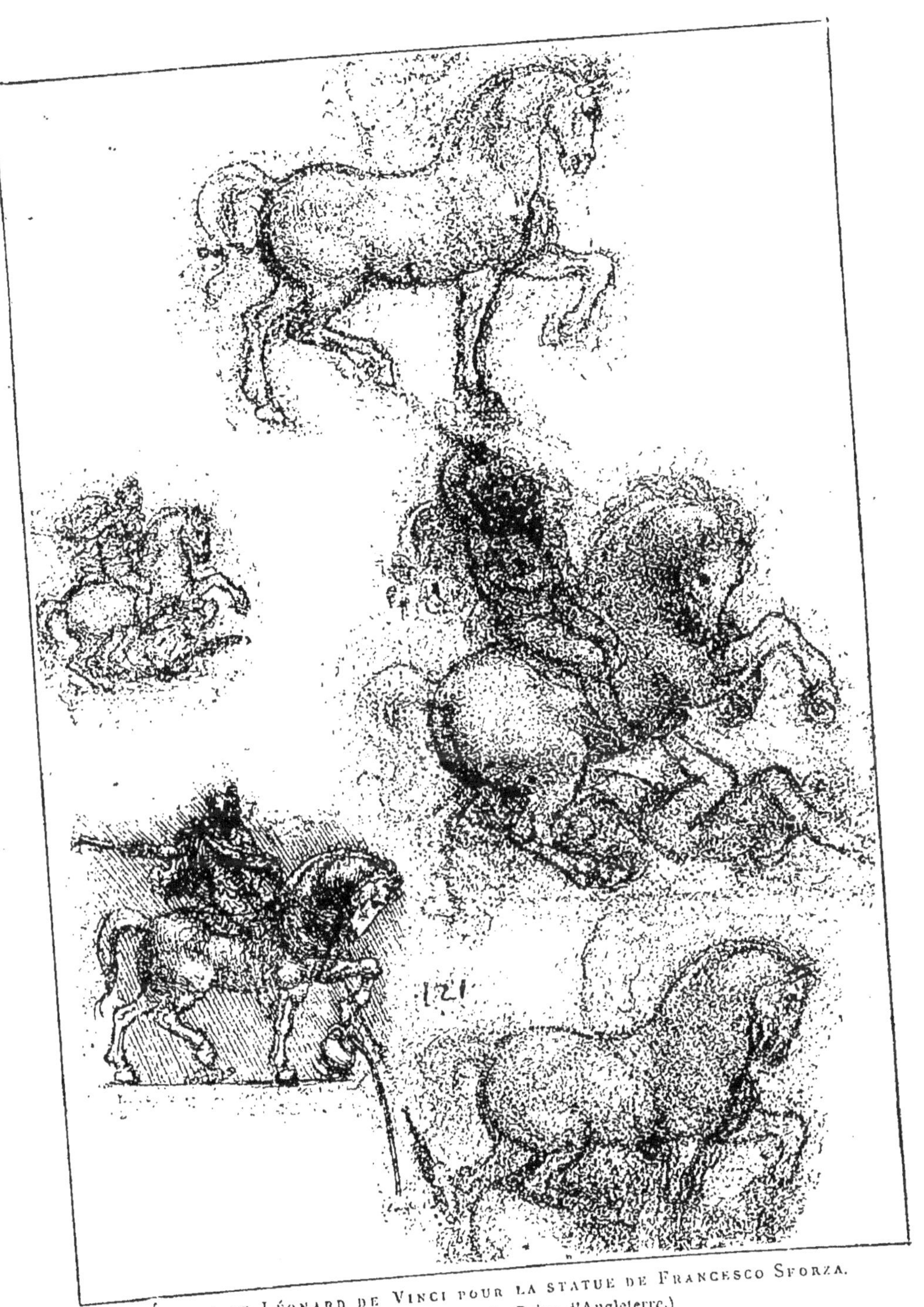

ÉTUDES DE LÉONARD DE VINCI POUR LA STATUE DE FRANCESCO SFORZA.
(Collection de S. M. la Reine d'Angleterre.)

— 36 —

pied qui est levé, on voit une tortue. Ce paisible animal est l'ha-
bitant prédestiné des plaines humides du Milanais. Il pullule
encore dans l'enclos de la Chartreuse de Pavie. Ainsi comprise,
la statue offrait l'image d'un souverain pacifique, protecteur de
l'agriculture.

Concurremment, Léonard creuse dans le piédestal et y dis-
pose une niche destinée à recevoir la statue couchée du duc
François. On sait pertinemment que le *colosse* était avant tout
un monument funèbre. Voici, en effet, l'épitaphe qui l'accom-
pagnait :

QVISQVIS COLOSSON PRINCIPIS VIDES, ASTA.

FRANCISCVS, AVCTOR SFORTIÆ SACER GENTIS,

ILLE ILLE BELLO EST MAXIMVS, TOGA MAJOR.

FORTUNÆ ALVMNVS, REDDITVM ÆTHERI NVMEN,

POSTQVAM AVREVM VRBI SECVLVM TVLIT SCEPTRIS,

PAR, GENTIVM VICTOR, NVMÆ QVIRINOQVE,

PIETATEM AMAT MAVRI, AC OPVS LEONARDI

VINCI ŒSTIMAT. VIDISTI? ABI HOSPES ET GAVDE.

Sassi [1], qui a retrouvé cette épitaphe dans un vieux recueil
d'inscriptions milanaises, se demandait si la figure équestre ne
devait pas être distinguée du tombeau proprement dit de François [2]. Les dessins de Windsor, et notamment un de ceux que

1. *Bibliotheca scriptorum mediolanensium.* Milan, 1745, in-fo, t. I, p.
CCCLVI. Sassi a fait précéder la transcription de l'épitaphe des lignes suivantes :
« Paulo antè retuli a Ludovico erectam patri fuisse vastæ molis statuam, quæ
illius vultum atque habitum futuris ætatibus indicaret. Addere nunc lubet opus
eam fuisse Leonardi Vincii, atque ad Francisci I Sfortiæ tumulum collocatam,
adjecta epigraphe, quam ex manuscripto volumine antiquarum inscriptionum
mediolanensium in bibliotheca monachorum S. Ambrosii servato desumptam
hic refero. »

2. *Bibl. script. med.*, tome I, p. CCCLXII. Sassi s'exprime en ces termes à
propos du poème de Baldassare Taccone, relatif aux noces de Blanche-Marie
et de Maximilien : « Nihil aliud historiæ inserviens ex hoc Tacconi poemate
elicimus, nisi memoriam ænei simulacri] equo insidentis, quod Francisco I,

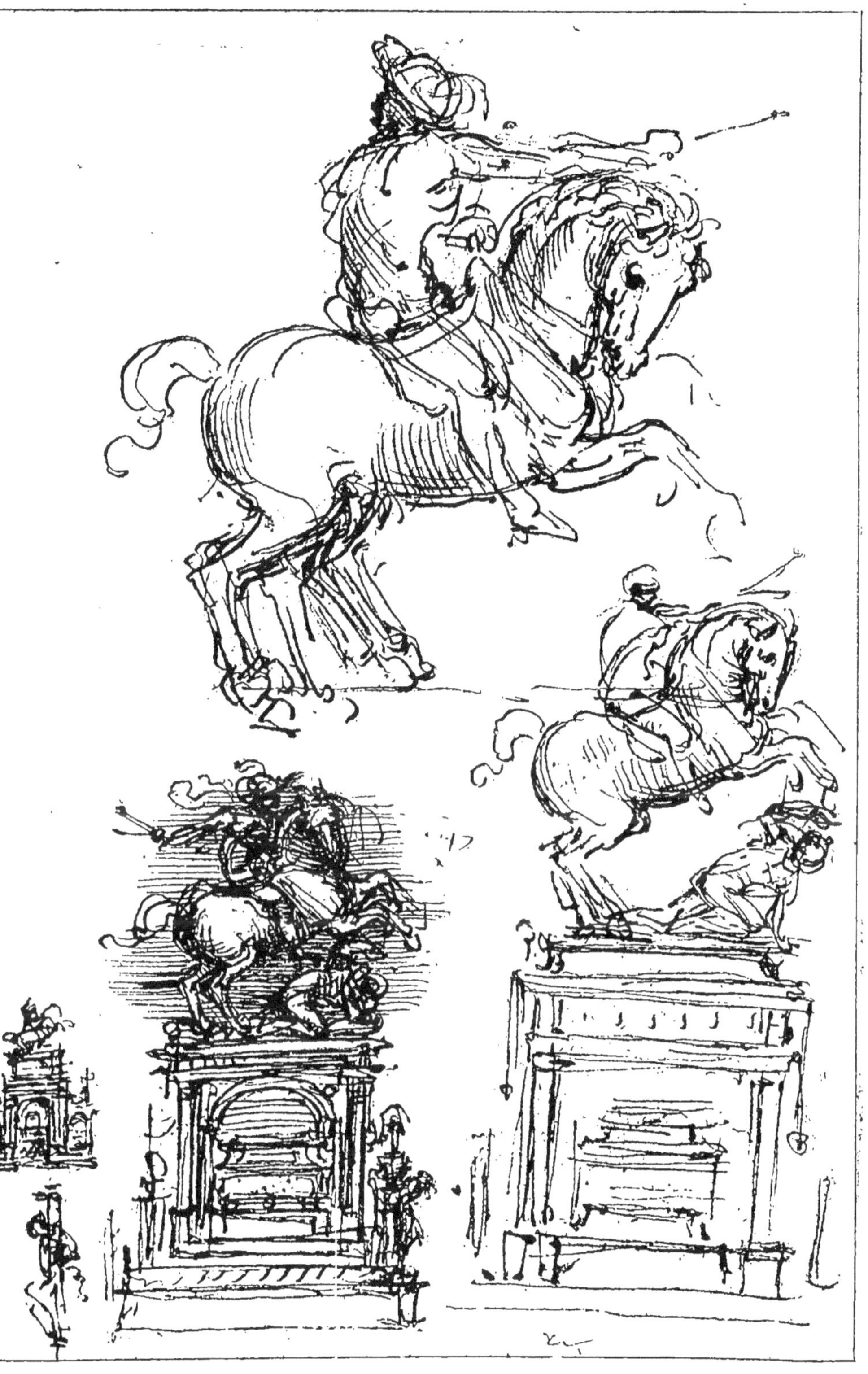

ETUDES DE LÉONARD DE VINCI POUR LA STATUE DE FRANCESCO SFORZA.
(Collection de S. M. la Reine d'Angleterre.)

nous publions, lui répondent. Léonard a dû modeler deux statues, l'une à cheval et l'autre couchée; ces statues devaient être juxtaposées, et on voit que le projet, auquel elles s'appliquaient, est assez sorti du domaine de la pure spéculation pour pouvoir donner naissance à des documents épigraphiques.

Puis, tout à coup, au-dessus de la statue gisante, sur le haut piédestal cantonné de colossales figures d'esclaves, une silhouette accentuée, hardie et d'une singulière fierté dans ses multiples apparitions, se dessine. C'est le cavalier de la planche gravée (Pass., tome V, p. 181, n° 3); c'est la figure dont le dessin de Munich résume les nombreuses manifestations. Sans doute, le raisonneur Léonard s'est rappelé que sa statue doit être de bronze, et que le bronze permet l'audace et la provoque. Alors les chevaux frémissants des Dioscures qu'il tenait en réserve dans un repli de sa pensée, après les avoir emprisonnés dans son album [1], se sont élancés, ont escaladé le piédestal et s'y sont installés pour n'en plus descendre. Le vieux thème du tombeau « alla veneziana », respecté dans ses dispositions générales, était rajeuni dans ses détails. N'est-ce pas un des caractères du génie de Léonard de Vinci d'avoir fait tout dire — même les choses les plus modernes — à la vieille langue de l'art, sans avoir besoin, comme ses coupables rivaux, de rompre les grandes traditions du xvᵉ siècle, ni de tarir les sources si longtemps fécondes de l'inspiration italienne?

---

patri suo. Ludovicus in ducali æde fundendum curavit ab insigni artifice Leonardo Vincio; sed, an idem sit quod tumulo impositum superius diximus, an alterum in patente area principis domus conspicuum, ignotum prorsus est. » Le passage précédent, auquel Sassi fait allusion, est celui où il a reproduit l'épitaphe. Cf. également Tiraboschi. *Storia della letteratura italiana* (1826), tome VI, 3ᵉ partie, p. 1764, volume 81 des classiques italiens.

1. Gerli, *Disegni di Leonardo da Vinci*, pl. XXXV.

V

Mon étude a consisté, on le voit, à mettre dans un ordre raisonné et chronologique les témoignages épars des modifications successives de la pensée de Léonard. L'existence de ces modifications n'est pas discutable. Le travail auquel je me suis livré a donc été semblable à celui d'un éditeur consciencieux qui, dans un manuscrit qu'il publierait, chercherait à distinguer parmi les notes et papiers de l'auteur quelle fut la marche de sa pensée et la forme définitive qu'elle a revêtue. Cependant, je reconnais qu'il y a là une part d'interprétation personnelle, et il est bien certain que mes contradicteurs m'accuseront d'avoir fait intervenir l'imagination, quelque légitime et nécessaire que fût, à cette place, l'emploi de cette faculté. Montrez-nous, me diront-ils, un texte contemporain, irréfutable, établissant que le cheval cabré, inspiré des groupes de Castor et Pollux et dressé plus ou moins temporairement par Léonard sur le piédestal de sa statue, n'en était pas descendu à l'heure où le modèle fut prêt pour la fonte, quand Lancino Curzio (*Épigr.*, l. IV) s'écriait :

> « .... *Expectant animi, molemque futuram*
> *Suspiciunt; fluat æs; vox erit : Ecce deus.* »

Hé bien ! le texte existe, et je ne comprends pas qu'il n'ait pas encore été relevé. Fra Luca Paciolo, l'ami, le compagnon de Léonard, dédiant à Ludovic le More, le 9 février 1498, son traité *della divina proporzione* [1], lui disait précisément, après avoir calculé la hauteur et le poids du monument, que la statue de son père François (*admiranda* et *stupenda*) n'avait rien à envier à celles de Phidias et de Praxitèle [2] qui sont au Monte

---

1. *Divina proportione.* Venise, 1509. Prima pars.

2. On sait que les figures colossales du Quirinal furent attribuées, pendant le moyen âge et la Renaissance, à Phidias et à Praxitèle. Les diverses éditions

Cavallo, à Rome (*dall' invidia di quelle di Fidia e di Prassitele in Monte Cavallo al tutto aliena*). Après ce que nous savons du projet de Léonard, cette comparaison devient lumineuse et doit être, suivant moi, prise au pied de la lettre. Partout et toujours la pensée des chevaux du Quirinal plane sur l'œuvre définitive du Vinci.

Le fac-similé de Gerli, la gravure décrite par Passavant, les esquisses de Windsor, le dessin de Munich, le texte de Paul Jove, et la phrase de Luca Paciolo forment un ensemble de preuves dont rien ne parviendra à rompre le faisceau. Mais, je disais en commençant que je n'avais pas été assez heureux pour faire, du premier coup, adopter universellement mon sentiment par l'opinion publique. Quoique j'aie eu la joie de voir ce sentiment partagé par l'érudition allemande [1], je n'ose pas me flatter encore de l'espoir d'être immédiatement satisfait. Je ne puis oublier que Rio [2] et M. Perkins [3], sans avoir fait de démonstration complète, il est vrai, ont échoué avant moi. Trop d'hommes distingués, parmi les historiens de l'art, ont déjà pris parti, sur la question, dans un sens opposé et leur opinion est répétée en chœur par un trop grand nombre de disciples. J'ai confiance, cependant, car je crois avoir semé la bonne doctrine.

des *Mirabilia Roma* en font foi. (Voir sur de curieuses croyances populaires l'édition in-8° de la Bibliothèque nationale, cotée K * 1319, 2.) On retrouve une autre mention de ces figures dans le traité de Luca Paciolo, *Divina proportione*. Venise, 1509, prima pars, f° 24 verso. La pensée de comparer le *colosse* de François Sforza aux statues du Monte Cavallo s'imposait à presque tous les contemporains qui ont parlé de l'œuvre du Vinci. Conférez le sonnet publié par M. Gilberto Govi : *Intorno a un opuscolo rarissimo della fine del secolo xv° intitolato Antiquarie prospettiche romane composte per prospettivo milanese dipintore.* Rome, 1876, p. 7 et 13.

1. M. Carl Brun, dans son récent travail sur Léonard de Vinci, p. 31 et 32, inséré dans la publication du Dr R. Dohme « *Kunst und künstler des Mittelalters und der neuzeit* » (Leipzig, Seemann, 1879), a reproduit la gravure de la *Gazette des Beaux-Arts* exécutée d'après le dessin de Munich et s'est associé à mes conclusions.

2. *Art chrétien*, tome III, p. 63.

3. *Sculpteurs italiens*, trad. fr., tome I, p. 219.

La vérité germera sous les pages de *l'Art* ; elle saura trouver son
heure pour s'épanouir au grand soleil et, quand elle sera mûre,
des gens de bonne volonté ne manqueront pas pour la recueillir.
Toute idée nouvelle ne cesse d'être combattue que le jour où
elle est exploitée au détriment de son auteur. Ainsi va le monde.
Que messieurs les plagiaires ne se fassent donc pas trop attendre !

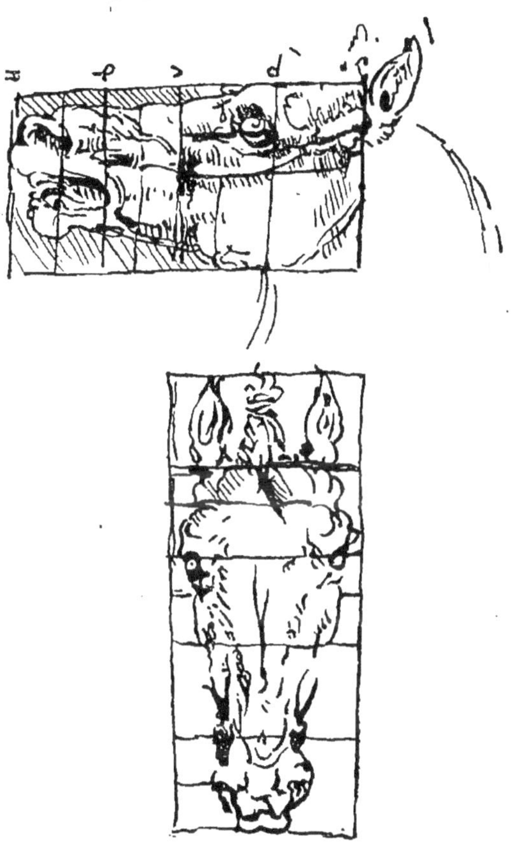

TÊTES DE CHEVAUX
DESSINÉES PAR LÉONARD DE VINCI.
(Bibliothèque de l'Institut, Ms. A, f° 62, v°.)

POST-SCRIPTUM

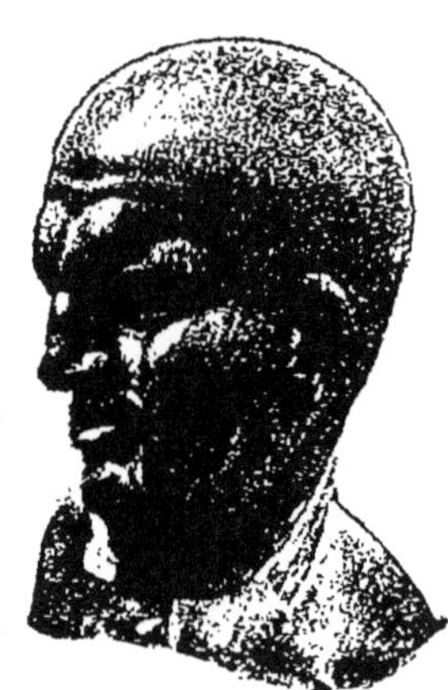

Tête du Lévite
dans la *Prédication de S. Jean*
au Baptistère de Florence.

Pendant que cet article attendait sur le marbre, dans l'imprimerie de *l'Art*, que les gravures destinées à son illustration fussent prêtes, l'auteur a profité, pour continuer son enquête, des occasions fournies par un voyage en Allemagne. Avant d'aller revoir le dessin de Munich, il a, chemin faisant, instruit l'affaire Pollajuolo et cherché à établir dans son esprit, sur pièces justificatives, la caractéristique des dessins de cet artiste. Les estampes des *Gladiateurs* (Passavant, *le Peintre-Graveur*, tome V, p. 50, n° 2), gravés et signés par le maître; *Hercule combattant les Géants* (Passavant, *ibid.*, tome V, p. 50, n° 3), revues, l'une à Berlin, l'autre à Dresde, ne peuvent suffire à trancher la question. Car, si l'analogie de ces gravures avec le dessin de Munich n'est pas évidente, la contradiction entre les divers documents comparés ne peut pas être absolue, étant donnée la différence des procédés auxquels ils sont dus respectivement. C'est donc aux dessins de Pollajuolo qu'il faut directement s'adresser.

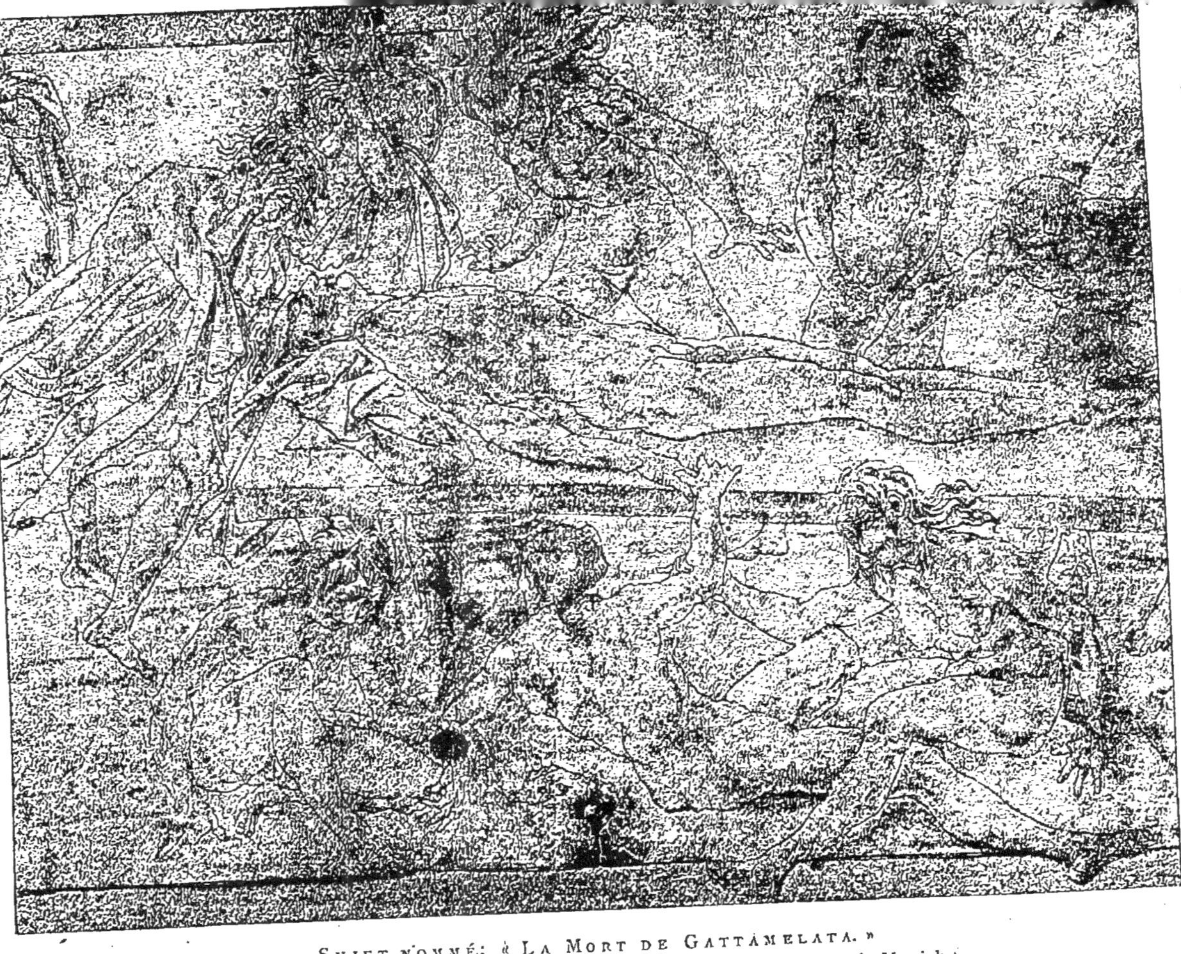

Sujet nommé: « La Mort de Gattamelata. »
Copie ou calque d'un dessin de Pollajuolo. (Cabinet des estampes de Munich.)

Le Cabinet des estampes de Berlin en possède deux excellents spécimens qui semblent être des études d'hommes nus pour le tableau de la National Gallery, ou pour les archers des estampes du *Combat des Géants* et des *Gladiateurs*. Ces dessins, conformes à la manière du peintre du Saint Sébastien de Londres, se rapprochent du dessin de Paris. Ils n'ont aucun point de ressemblance nécessaire avec la pièce de Munich. En examinant à nouveau les portefeuilles de l'école italienne, j'ai trouvé, à Munich, un autre dessin empreint au suprème degré du style de Pollajuolo. C'est une vieille copie ou plutôt un calque ancien de la composition connue sous le nom de « *Mort de Gattamelata* » [1], et fort injustement attribuée à Mantegna. Elle caractérise, on ne peut mieux, la manière violente et outrée du maître et reproduit incontestablement et avec fidélité un original sorti de la main qui a tracé le dessin du Louvre. Quant à ce dernier, dont une inscription atteste l'authenticité, j'ai déjà dit qu'il est, au moins partiellement, une copie ou une imitation des figures académiques de Léonard de Vinci. Il suffira, pour s'en convaincre, de relire la note consacrée par nous à ce dessin (p. 16) et de regarder les reproductions gravées qui accompagnent ce *post-scriptum*.

D'ailleurs, on sait de reste que l'imitation des dessins anatomiques de Léonard était de mode à Milan, à la fin du xv siècle et au début du xvi. M. Gilberto Govi a fort justement rapproché, de certaines esquisses du peintre de la *Cène*, l'estampe en bois

---

1. Cette composition, invariablement attribuée à Mantegna contre toute vraisemblance, est depuis longtemps célèbre, puisqu'elle a été gravée dès le xvi siècle par Alart Claessen, qui travaillait de 1520 à 1555. La pièce est décrite par Bartsch, tome IX, p. 130, n° 30. (Je dois la connaissance de cette gravure à l'obligeance de M. Duplessis.) La même composition est encore reproduite dans les *Dessins des meilleurs peintres d'Italie, d'Allemagne et des Pays-Bas, du cabinet de M. Paul de Praun à Nuremberg*, gravés par Prestel, 1780. M. Reiset, dans son travail sur la National Gallery de Londres, dit que le dessin du cabinet de Praun se trouve actuellement chez Sir Richard Wallace.

du *Prospettivo Milanese*[1]. Il est donc incontestable que la vue des dessins d'académie de Léonard exerça une action considérable sur l'art du nord de l'Italie à cette époque. Aux preuves

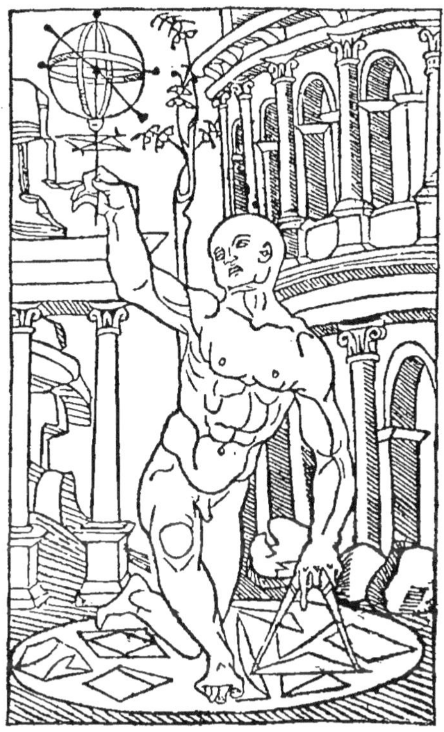

Frontispice du « Prospettivo Milanese ».

déjà énumérées, il suffirait d'ajouter la présence, dans le dôme de Milan, du fameux et insipide Saint Barthélemy, de Marco

---

1. *Intorno a un opuscolo rarissimo della fine del secolo XV, intitolato Antiquarie prospettiche romàne composte per prospettivo milanese dipintore.* Rome, 1876, p. 3 et 7. Ce petit ouvrage était dédié à Léonard, ainsi que l'explique M. Govi.

Agrate. Puis-je oublier aussi la tête chauve du Lévite, dans la *Prédication de saint Jean*, sculptée par Rustici [1], au-dessus de l'une des portes du Baptistère de Florence ? Tout cela vient indiscutablement de Léonard. Et le type lui-même, avant d'avoir reçu l'empreinte définitive donnée par son génie, n'a probablement pas d'autre point de départ que la tête du célèbre « zuccone » de son prédécesseur Donatello. Quoi qu'on pense de cette dernière supposition, ce serait certainement un sujet bien intéressant que d'étudier, dans les œuvres milanaises et florentines de la Renaissance, quelle fut la nature de l'enseignement professé par le Vinci, quelles traces il a laissées et quels furent les procédés qu'il employa. Il n'y a pas lieu de traiter ici, incidemment, ce point d'histoire; mais j'en ai trop dit pour ne pas essayer de déduire, en deux mots, de l'ensemble des faits groupés par nous, les conséquences naturelles qui semblent en découler. Ne peut-on pas, du rapprochement de ces compositions sorties toutes de mains différentes et, cependant, procédant dans une certaine mesure d'une inspiration commune, conclure à l'existence d'un type primordial, d'un modèle de ronde bosse, par exemple, dont la silhouette générale et les lignes principales, familières au maître, se seraient imposées à la docilité des élèves, à l'admiration des contemporains et se reproduiraient plus ou moins consciemment dans leurs œuvres ? Lors même que le maître ne dirigeait pas matériellement leurs doigts, une préoccupation dominait, paraît-il, leur esprit; une sorte de fantôme hantait visiblement leur imagination. Ce fantôme, c'était un type déterminé, un modèle fixe et arrêté dans ses lignes et, à mon avis, en raison de la régularité et de l'intensité des impressions produites, ce dût être un modèle sculpté de Léonard. Mais revenons au sujet spécial de notre discussion.

---

1. Cf. Perkins, *Sculpteurs italiens*, tome I, p. 221. J'ai eu tort, précédemment (*Conjectures à propos du buste en marbre de Béatrix d'Este, conservé au musée du Louvre*), de ne pas indiquer ce point de contact entre Rustici et Léonard.

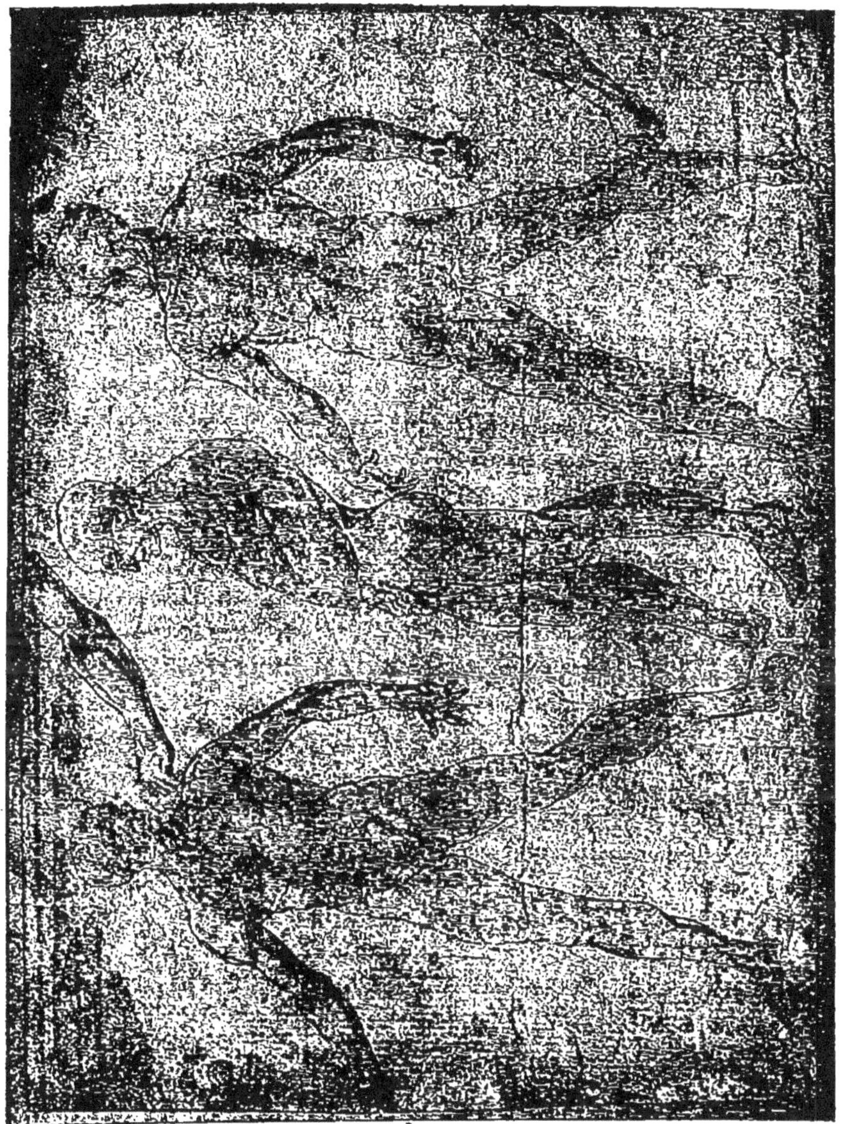

Figures académiques dessinées par Antonio del Pollajuolo.
(Musée du Louvre.)

En résumé, la vue de dessins authentiques de Pollajuolo ou du moins identiques, dans leur composition, à celui qu'une inscription contemporaine désigne comme une œuvre de cet artiste, leur confrontation avec les estampes émanant directement de lui ont modifié mes opinions. Je crains d'avoir fait trop de concessions en adoptant, sans discussion, le sentiment de M. Morelli. Rien ne prouve que le dessin de Munich ait été possédé par Vasari. Ce dessin n'a plus sa bordure, et cette bordure serait nécessaire pour établir son illustre provenance d'une manière certaine. Rien ne prouve, non plus, qu'il ait été exécuté par Pollajuolo. Sa couleur douce, blonde et légèrement blafarde, qui échappe malheureusement à la photographie et à la gravure, couleur que relève encore le fond noirci sur lequel elle se détache, ne rappelle absolument en rien les tons jaunes, âcres, crus et durement florentins des dessins lavés de Pollajuolo. Le trait de plume n'est pas non plus le même.

Faut-il admettre que l'artiste a, sous des influences momentanées, dérogé à ses habitudes ? C'est à mes contradicteurs qu'il incombera de faire cette preuve. En attendant, rien n'est plus naturel que d'expliquer, par la célébrité du monument copié, l'existence simultanée de plusieurs dessins de différents artistes d'après le colosse de Milan. Maintenant que la voie est ouverte, je ne doute pas qu'on ne découvre bientôt de nouvelles copies. D'un autre côté, le dessin du Louvre éclaire singulièrement la question. J'ai pris Pollajuolo en flagrant délit d'imitation ou simplement de réminiscence ; et, cependant, j'avais, pour croire à l'originalité et à la spontanéité de son travail, la garantie si précieuse d'un contemporain de bonne foi qui se croyait lui-même aussi bien informé que Vasari a pu l'être, et qui se trompait sur le véritable auteur de la composition visée et parafée par lui. Le point de contact entre les deux artistes est certain et indiscutable. C'est donc un devoir pour moi de me méfier, et, après ce que j'ai démontré du goût de Pollajuolo pour

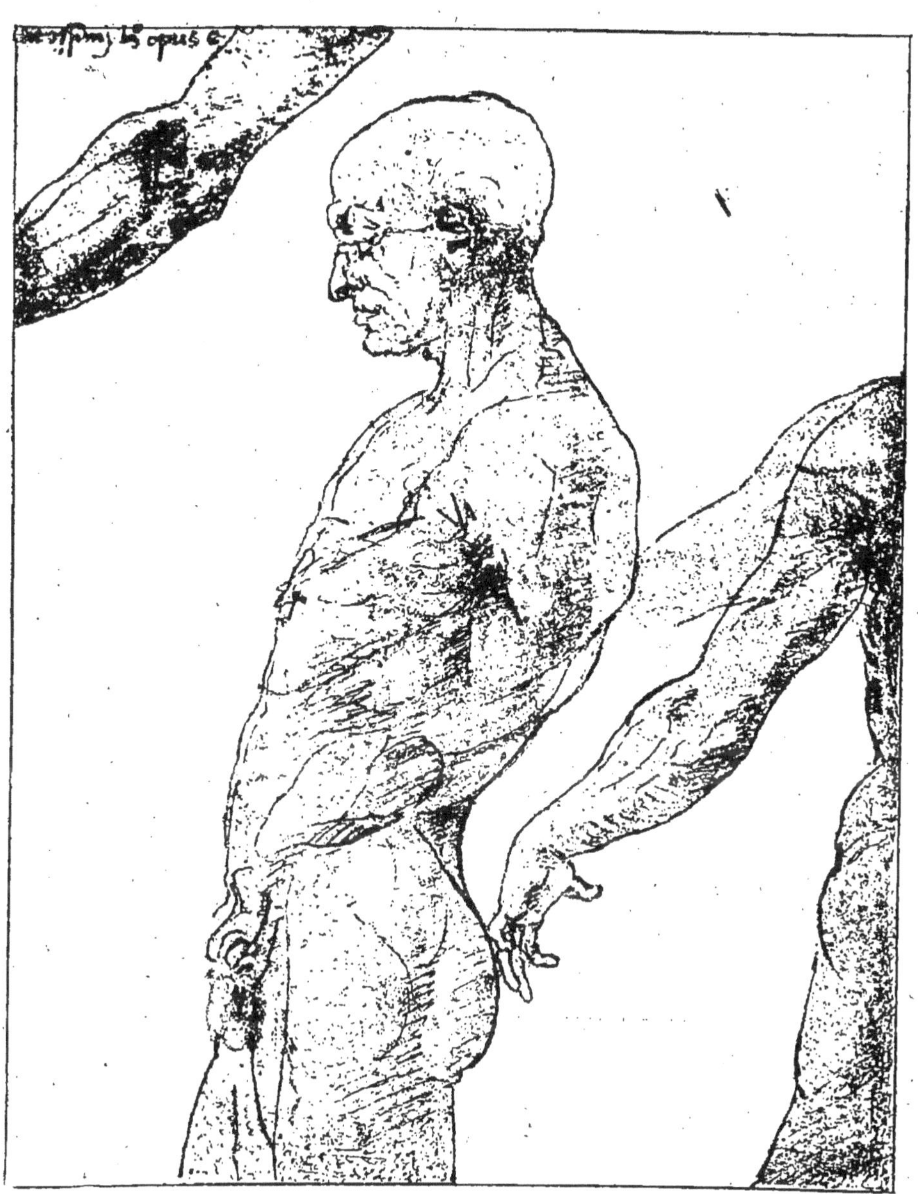

FRAGMENT DU DESSIN DE POLLAJUOLO.
(Musée du Louvre)

les compositions ou tout au moins pour les modèles de Léonard,

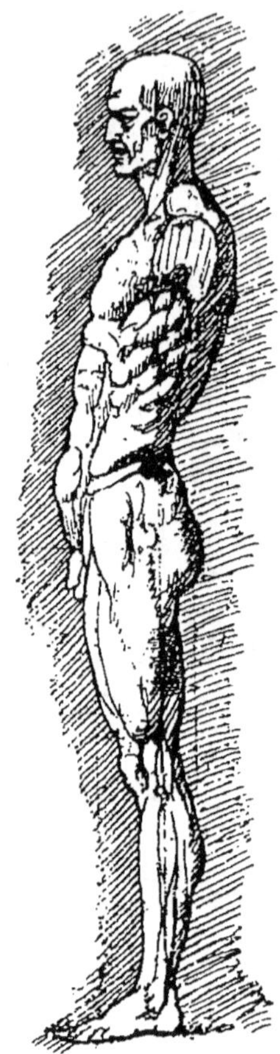

FIGURE ACADÉMIQUE

d'après un modèle de Léonard de Vinci.

Musée du Louvre. (Recueil Vallardi.)

c'est un droit de conclure ainsi : Oui, Vasari a possédé un dessin provenant de Pollajuolo, et, si l'on veut, exécuté par lui. Ce dessin reproduisait un monument dont la description concorde avec le dessin de Munich. Mais le monument n'était pas nécessairement de l'invention de Pollajuolo, non plus que, dans le dessin du Louvre, la figure académique, copiée d'après le Vinci ou inspirée par lui. Je ne pense même plus, par égard pour l'attribution de Vasari, que le dessin de Munich, sur la provenance duquel on ne sait rien, soit précisément et individuellement celui qu'a possédé le grand amateur d'Arezzo. Je continue donc de tenir le dessin en question pour italien, sorti de quelque école du nord de la péninsule et vraisemblablement de l'école lombarde. En face de la pièce de Munich, qui, avec tous ses défauts bien évidents, ne manque pas cependant de certaines qualités, toute autre attribution paraît impossible.

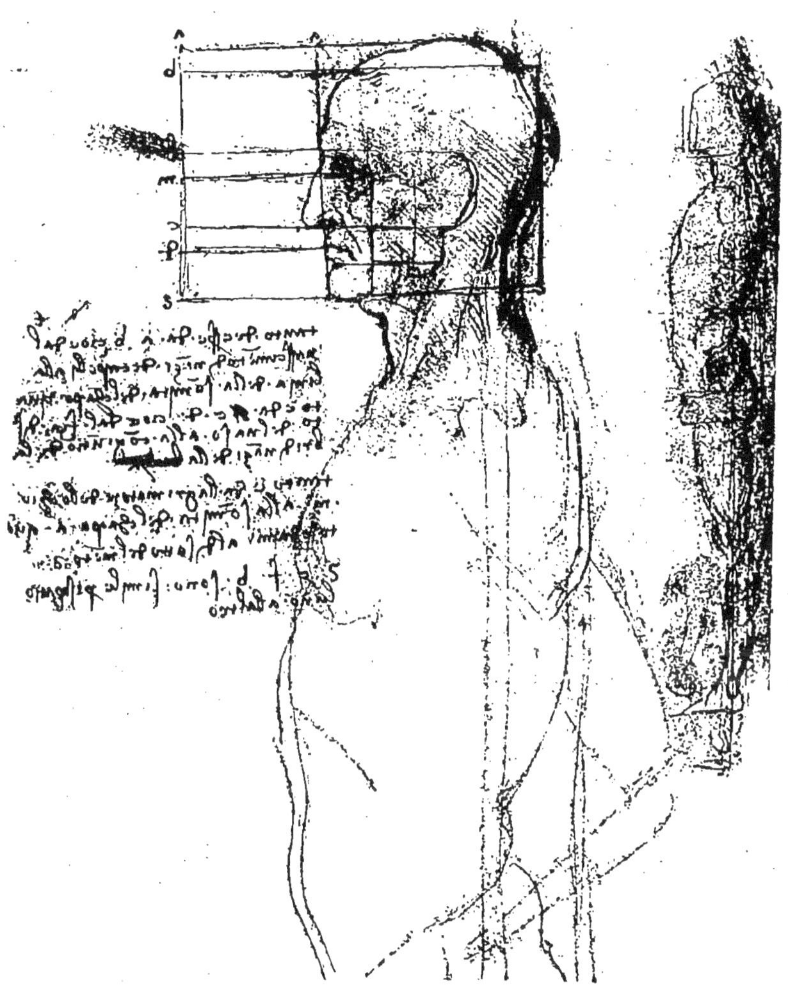

ÉTUDES ANATOMIQUES.
(Collection de S. M. la Reine d'Angleterre.)
Dessin de Léonard de Vinci.

TEXTE DE LA
NOTE AUTOGRAPHE

DE LÉONARD DE VINCI

Tanto de [e] essere da AB, cioè dal nascimento dinanzi de' capelli alla linia della sommità del chapo, quanto da C D, cioè dal fine di sotto del naso alla congiuntione de' labri dinanzi della bocha.

Tanto è dal lagrimatore dell' ochio M alla sommità del chapo A, quanto da M al di sotto del mento S.

S, C, F, B sono simile (*sic*) per ispatio l'uno all' altro.

TRADUCTION DE LA
NOTE AUTOGRAPHE

DE LÉONARD DE VINCI

Entre les lignes A et B, c'est-à-dire depuis la naissance des cheveux sur le front jusqu'à la ligne du sommet de la tête, il doit y avoir autant qu'entre les lignes C et D, c'est-à-dire depuis l'extrémité inférieure du nez jusqu'à la jointure des lèvres, devant la bouche.

Du point lacrymal de l'œil M au sommet de la tête A, il y a autant que de la ligne M au-dessous du menton S.

Les lignes S, C, F, B sont semblablement espacées l'une de l'autre[1].

1. Extrait du Journal *l'Art*, 5ᵉ année, tome IV, pages 91 à 95, 116 à 118, 136 à 139, 160 à 164.

Paris. — Typ. Pillet et Dumoulin, 5, rue des Grands-Augustins.

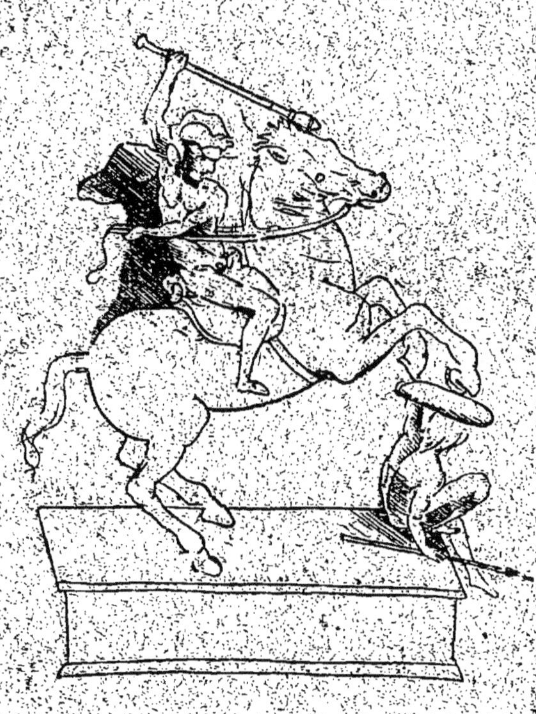

Paris. — Typ. PILLET et DUMOULIN, 5, rue des Grands-Augustins.